# A FILOSOFIA *de* SUCESSO *na* ADVOCACIA

O GEN | Grupo Editorial Nacional – maior plataforma editorial brasileira no segmento científico, técnico e profissional – publica conteúdos nas áreas de concursos, ciências jurídicas, humanas, exatas, da saúde e sociais aplicadas, além de prover serviços direcionados à educação continuada.

As editoras que integram o GEN, das mais respeitadas no mercado editorial, construíram catálogos inigualáveis, com obras decisivas para a formação acadêmica e o aperfeiçoamento de várias gerações de profissionais e estudantes, tendo se tornado sinônimo de qualidade e seriedade.

A missão do GEN e dos núcleos de conteúdo que o compõem é prover a melhor informação científica e distribuí-la de maneira flexível e conveniente, a preços justos, gerando benefícios e servindo a autores, docentes, livreiros, funcionários, colaboradores e acionistas.

Nosso comportamento ético incondicional e nossa responsabilidade social e ambiental são reforçados pela natureza educacional de nossa atividade e dão sustentabilidade ao crescimento contínuo e à rentabilidade do grupo.

BRUNO BOM
SERGIO VIEIRA

# A FILOSOFIA
## *de* SUCESSO
## *na* ADVOCACIA

- A autora deste livro e a editora empenharam seus melhores esforços para assegurar que as informações e os procedimentos apresentados no texto estejam em acordo com os padrões aceitos à época da publicação, e todos os dados foram atualizados pelo autor até a data de fechamento do livro. Entretanto, tendo em conta a evolução das ciências, as atualizações legislativas, as mudanças regulamentares governamentais e o constante fluxo de novas informações sobre os temas que constam do livro, recomendamos enfaticamente que os leitores consultem sempre outras fontes fidedignas, de modo a se certificarem de que as informações contidas no texto estão corretas e de que não houve alterações nas recomendações ou na legislação regulamentadora.

- Fechamento desta edição: *18.07.2022*

- A Autora e a editora se empenharam para citar adequadamente e dar o devido crédito a todos os detentores de direitos autorais de qualquer material utilizado neste livro, dispondo-se a possíveis acertos posteriores caso, inadvertida e involuntariamente, a identificação de algum deles tenha sido omitida.

- **Atendimento ao cliente: (11) 5080-0751 | faleconosco@grupogen.com.br**

- Direitos exclusivos para a língua portuguesa
  *Copyright © 2022 by*
  **Editora Atlas Ltda.**
  *Uma editora integrante do GEN | Grupo Editorial Nacional*
  Al. Arapoema, 659, sala 05, Tamboré
  Barueri – SP – 06460-080
  www.grupogen.com.br

- Reservados todos os direitos. É proibida a duplicação ou reprodução deste volume, no todo ou em parte, em quaisquer formas ou por quaisquer meios (eletrônico, mecânico, gravação, fotocópia, distribuição pela Internet ou outros), sem permissão, por escrito, da Editora Atlas Ltda.

- Capa: Fabricio Vale

- **CIP – BRASIL. CATALOGAÇÃO NA FONTE.**
  **SINDICATO NACIONAL DOS EDITORES DE LIVROS, RJ.**

  B681f
  Bom, Bruno

  A filosofia de sucesso na advocacia / Bruno Bom, Sergio Vieira. – 1. ed. – Barueri [SP]: Atlas, 2022.
  (Gestão de escritórios)

  Inclui bibliografia.

  ISBN 978-65-5977-360-2

  1. Direito – Filosofia. 2. Marketing jurídico. 3. Escritórios de advocacia. I. Vieira, Sergio. II. Título. III. Série.

  22-78838 CDU: 340.12

  Gabriela Faray Ferreira Lopes – Bibliotecária – CRB-7/6643

## SOBRE OS AUTORES

**Bruno Bom** é bacharel em Direito pela PUC/SP, Publicitário pela ESPM/SP, MBA em Gestão Empresarial pela FGV/SP. Fundador e Presidente da BBDE Comunicação (Bruno Bom | Direito & Excelência), agência referência especializada em *Marketing* Jurídico no Brasil, Gerente de *Marketing* do IBDP (Instituto Brasileiro de Direito Processual), Diretor de *Marketing* do IBP (Instituto Brasileiro de Precatórios), Presidente do IBMJ (Instituto Brasileiro de *Marketing* Jurídico), consultor de comunicação, palestrante, professor e autor da obra *best-seller* Marketing *Jurídico na Prática*.

**Sergio Rodrigo Russo Vieira** é pai do Enzo, marido da Gabriella, bacharel em Direito pela Unifacs (2002/2006), advogado especialista em Direito Cível e Empresarial, Sócio-Diretor do Nelson Wilians Advogados, maior escritório empresarial *full-service* da América Latina; MBA em Gestão e Negócios pelo CIESA; foi Conselheiro Federal da OAB pela Seccional Amazonas no triênio 2019/2021, Conselheiro da OAB Seccional Amazonas no triênio 2022/2024. Advogado, gestor, mentor, professor, palestrante e consultor de Direito e Negócios.

# PREFÁCIO

**QUAL O FUTURO DO DIREITO?**

O Brasil, que viu multiplicarem-se as faculdades de Direito em menos de dois séculos, já foi considerado o país dos bacharéis. Não se poderia supor que o transcurso de três séculos seria privado de qualquer interesse pelo aprendizado formal da ciência jurídica, mas foi o que aqui ocorreu entre os séculos XVI e XIX.

Ao escrever, em 1922, o livro *A cultura jurídica no Brasil*, Plínio Barreto observava:

> Há 100 anos, quando se emancipou definitivamente da soberania portuguesa, era o Brasil uma terra sem cultura jurídica. Não a tinha de espécie alguma, a não ser – em grau secundário – a do solo. Jaziam os espíritos impotentes na sua robustez, meio rude da alforria das crendices e das utopias, à espera de charrua e sementes. O Direito, como as demais ciências, e até mesmo as artes elevadas, não interessava ao analfabetismo integral da massa. Sem escolas que o ensinassem, sem imprensa que o divulgasse, sem agremiações que o estudassem, estava o conhecimento dos seus princípios concentradoo apenas no punhado de homens abastados que puderamm ir a Portugal apanhá-la no curso acanhado e rude que se processava na Universidade de Coimbra.[1]

Pois foi esse "acanhado e rude" modelo que o jovem Imperador Pedro I foi buscar em Coimbra, em 1827, para que o Brasil viesse a produzir uma burocracia genuína, original e nativa, para libertar-se da cultura lusa.

---

[1] BARRETO, Plínio. *A Cultura Jurídica no Brasil* – 1822-1922. São Paulo: Estado de São Paulo, 1922. p. 5-6.

O melhor dos empenhos, todavia, não eliminou a circunstância de que a experiência coimbrã já possuísse, à época, praticamente um milênio.

A formação jurídica milenar era a disponível, mas prenhe de deficiências, como reconhece o Visconde de Cachoeira em seus estatutos, ao apontar as péssimas consequências obtidas em Portugal:

> Houve demasiados bacharéis que nada sabiam e iam depois nos diversos empregos aprender rotinas cegas e uma jurisprudência casuística de arrestos, sem jamais possuírem os princípios e luzes desta ciência. Foi então necessário reformar de todo a Universidade de Coimbra; prescrever-lhe estatutos novos e luminosos, em que se regularam com muito saber e erudição os estudos de jurisprudência, e se estabeleceu um plano de estudos próprio desta ciência e as formas necessárias para o seu ensino, progresso e melhoramento.[2]

Se o modelo não era perfeito, seu traslado para a antiga colônia, agora emancipada, não poderia ter gerado algo diferente. Além da compartimentação das várias disciplinas, todas autônomas e insuscetíveis de qualquer conotação dialógica, a própria implementação estrutural da Faculdade padecia de inúmeras máculas. Clóvis Beviláqua afirmou que, nos primeiros anos, os cursos jurídicos eram "bisonhos arremedos de Coimbra".[3]

Quando, em 1833, o diretor José Arouche de Azevedo Rendon, que aludia à demasiada indulgência dos lentes nos exames,

---

[2] José Luís de Carvalho e Visconde de Cachoeira Melo, Estatutos destinados ao curso criado provisoriamente pelo Decreto de 09.01.1825, que deveria funcionar no Rio de Janeiro. Foi mandado observar provisoriamente nos Cursos Jurídicos de São Paulo e Olinda, conforme cita Alberto Venâncio Filho, em *Das Arcadas ao Bacharelismo*. 2. ed. São Paulo: Perspectiva, 2004. p. 31.

[3] BEVILÁQUA, Clóvis. A Cultura jurídica no Brasil – Escolas e Doutrinas; jurisconsultos e professores. *Revista do Instituto Histórico e Geográfico Brasileiro*, Tomo Especial, Congresso Internacional de História da América, vol. IX, p. 317.

recebeu resposta do ministro do Império, Campos Vergueiro, no sentido de que a Regência, em nome do Imperador,

> (...) desaprova e estranha muito severamente esta indulgência que tende a desacreditar a escola e fazer menos valiosos os diplomas nela obtidos, confundindo cidadãos beneméritos que excederam a assíduos trabalhos para desenvolver seus talentos com ociosos, que só aspiram a títulos não merecidos e que, a serem bem distribuídos, servirão de seguro estímulo à mocidade.[4]

Não era diferente a situação em Olinda. O padre Lopes Gama, um dos mais atuantes diretores do curso jurídico, dava conta da sofrível situação no ano de 1836:

> (...) estudantes vadios e mal-educados (que nunca faltam em corporação tão numerosa), vendo que os lentes, além de pobres, não os podem chamar a seus deveres, pouco ou nada respeitam, e era coisa muito originária e comezinha, desde a criação desta Academia, ouvir-se todos os dias este ou aquele estudante dizer de público que daria uma bofetada, uma facada etc., ao lente que usasse ditar-lhe um "R"; e o mais é que o medo de tais ameaças tem concorrido, em grande parte, para serem aprovados, plenamente, sujeitos indignos, quer pela sua ignorância, quer pelo seu repreensível procedimento. Debalde pretendem alguns que bastem, para tais casos, os tribunais ordinários; porque qual será o lente que quererá expor-se a jogar as cristas na arena do júri com o seu discípulo? E qual será o estudante que vá prestar juramento contra um seu colega? O resultado seria sempre desairoso ao lente e tornaria mais orgulhosos os mesmos estudantes.[5]

Desde então, já se verificava a insuficiência de remuneração dos professores. Lopes Gama lamenta entregar-se ao ensino "pelo

---

[4] VAMPRÉ, Spencer. *Memórias para a História da Academia de São Paulo*. São Paulo: Saraiva, 1924. p. 310.
[5] BEVILÁQUA, Clóvis, op. cit., idem, p. 39.

triste ordenado de 1.200 réis, na província, onde os víveres e tudo se vende por preço exorbitante".[6] Daí deriva a praxe de recrutar para ensinar Direito o recém-graduado, o que também merecia a vanguardista crítica do diretor Lopes Gama:

> Um moço pungibarba, hoje formado com seus puros cinco anos, amanhã oferece teses, defende-as, toma o grau de doutor, entra em concurso e, noutro dia, está provido substituto e passa a ser lente de seus condiscípulos, com quem vivia e convivia em folgares, em chufas e na mais escandalosa familiaridade. E pode um moço desses ter os preciosos conhecimentos para ensinar e merecer o respeito de seus alunos, rapazes como ele?.[7]

Também, naquele tempo, atribuía-se a deficiência do bacharelado à insuficiência do ensino que atualmente se denomina fundamental. Pouco antes de deixar a diretoria da Faculdade de Olinda, Lopes Gama lastimava:

> (...) a lástima de tanto bacharel ignorante, que não sabe entender os próprios compêndios do curso e que, condecorados com um título acadêmico, são, aliás, objeto de escárnio público, porque pouco ou nada distam de qualquer idiota, faltos das mais ordinárias noções de literatura, falando miseravelmente e escrevendo com imperdoáveis solecismos, barbarismos e neologismos.[8]

Longas exposições prelecionais, excessivamente teóricas, não atraíam o estudante. Algo que levou o deputado Joaquim Vilela a asseverar:

> Por que razão se ocupam muito mais os moços com a literatura de ficção e a poesia do que com os graves estudos jurídicos? Não será certamente por falta de aptidões, mas

---

[6] BEVILÁQUA, Clóvis, op. cit., idem, ibidem.
[7] VAMPRÉ, Spencer, op. cit., idem, p. 69.
[8] VAMPRÉ, Spencer, op. cit., idem, p. 74.

porque o Direito se ensina rebarbativamente, sem que lhe desperte o espírito de iniciativa, transformadas as aulas em meros solilóquios professorais. Multipliquem-se os exercícios escolares; distribuam-se casos jurídicos a serem analisados e discutidos. Debatam-se nas aulas as decisões judiciárias sobre a matéria de cada cadeira, desenvolvendo nos alunos o talento crítico, a precisão das investigações, o desembaraço nos argumentos, o destemor das autoridades, a confiança no seu próprio talento; e, ainda, introduzam-se os discípulos nos pretórios, nos tribunais, obrigando-os a apresentar atestados de trabalhos de prática, e ter-se-á renovado o curso de Direito para que desempenhe as altas funções que dele exigem as tendências democráticas, as aspirações da ciência e as necessidades nacionais.[9]

Os primeiros anos do ensino jurídico nacional foram tão difíceis que se pensou em unificar as duas faculdades, pois não correspondiam ao dispêndio que acarretavam ao erário e o primeiro diretor, Arouche Rendon, chegou a dizer: "receio muito que esta Academia chegue ao estado em que chegou Coimbra, no tempo de rancho de Carqueja, e que haja a necessidade de fechá-la, como fez o Marquês de Pombal, enquanto se preparava a Reforma".[10]

Não só o ensino de Direito superou as dificuldades como foi responsável pela criação de uma verdadeira *intelligentzia* profissional liberal, conforme salienta Sérgio Adorno:

> Ademais, a criação dessa *intelligentzia* viabilizou a formação de uma consciência nacionalista, fundada em bases ético--jurídicas e que encontrou nas teses liberais seu ponto de convergência. Mais do que isso, a profissionalização da política, principiada no interior das academias de Direito, conferiu papel determinado ao bacharel. Operando no contexto de uma monarquia patrimonial, apropriaram-se os bacharéis das oportunidades de acesso e promoção nas carreiras diretivas

---

[9] VAMPRÉ, Spencer, op. cit., idem, p. 404.
[10] VAMPRÉ, Spencer, op. cit., idem, p. 203.

dos órgãos centrais e regionais de governo. Via de regra, os cargos no Judiciário (juízes e carreiras afins à magistratura), no Executivo (delegado de polícia, presidentes e secretários provinciais, ministros e conselheiros de Estado) e no Legislativo foram predominantemente ocupados por bacharéis.[11]

A influência do bacharelismo na formação do Brasil contemporâneo, decerto, é uma das causas da proliferação de faculdades de Direito. Imensa maioria delas preserva o figurino coimbrão. Apenas que não se poderia imaginar que o mundo se transformaria tanto e de maneira tão abrupta. A revolução disruptiva afetou profundamente o sistema de Justiça.

Hoje, a Inteligência Artificial penetrou em todos os espaços e controla de forma integral a vida em sociedade, o que não poderia passar despercebido pelo universo jurídico. O profissional da advocacia vê-se chamado a ingressar em terrenos nunca antes percorridos. A árvore jurídica tornou-se frondosa e repleta de ramificações. Todavia, estas não comportam a complexidade da era pós-moderna.

O ensino de Direito encontra-se em crise crônica. Inúmeras reformas são propostas, mas prevalece a inércia preservadora da tradicional sistemática. Setores atentos criam esquemas de suprimento das necessidades profissionais práticas. Assim, surgiram as escolas da magistratura, seguidas por aquelas das demais carreiras jurídicas estatais. E a universidade corporativa é a resposta para a formação qualificada de profissionais de outros estamentos alicerçados na cultura jurídica, assim como as delegações de serviços extrajudiciais.

Não se aguarde que a faculdade de Direito tradicional forneça o profissional habilitado a gerir com proficiência os interesses que lhe forem confiados pelos necessitados de justiça. Nesse momento, fundamental a contribuição dos autores com esta providencial *A filosofia de sucesso na advocacia*.

---

[11] ADORNO, Sérgio. *Os aprendizes do poder*. O bacharelismo liberal na política brasileira. São Paulo: Edusp, 2019. p. 90-91.

Ele apreendeu, diligente e virtuosamente, o emaranhado de questões postas ao advogado nesta primeira metade do século XXI. Sabe que o advogado eficiente precisa investir em liderança tecnológica, ter liderança em governança e, principalmente, liderança em valores. É justamente naquele renascimento centrado na humanidade que insiste Klaus Schwab, o criador do Fórum Mundial Econômico:

> A discussão sobre valores pode ser complicada, mas a existência de diferentes perspectivas, incentivos e contextos culturais não significa a inexistência de pontos em comum. Independentemente de nossos objetivos, a importância de preservar o planeta para as gerações futuras, o valor da vida humana, os princípios internacionais dos direitos humanos e uma preocupação sincera com as questões globais comuns podem servir como pontos de partida para reconhecer que os verdadeiros fins do desenvolvimento tecnológico são, em última instância e sempre, o planeta e seu povo.[12]

Enquanto não sobrevier a profunda reforma estrutural do ambiente jurídico, o socorro à juventude perplexa adquire, na fórmula ora ofertada por Bruno Pedro Bom e Sérgio Vieira, a abertura a um efetivo e permanente diálogo com outras ciências, já que "a condição humana encontra-se totalmente ausente do ensino atual, que a desintegra em fragmentos desconjuntados".[13]

São obras como esta que ajudam aqueles providos de vontade de mudar a face da Terra, de aprender a viver. E o que é aprender a viver? "Significa preparar os espíritos para afrontar as incertezas e os problemas da existência humana. O ensinamento da incerteza que caracteriza o mundo deve partir das ciências: elas mostram o caráter aleatório, acidental, até mesmo cataclísmico, às vezes, da história do cosmo (colisões de galáxias,

---

[12] SCHWAB, Klaus. *Aplicando a Quarta Revolução Industrial*. São Paulo: EDIPRO, 2018. p. 313.
[13] MORIN, Edgar. *A religação dos saberes*. 4. ed. Rio de Janeiro: Bertrand Brasil, 2004. p. 18.

explosões de estrelas), da história da Terra, da história da vida... e da história humana..."[14]

Uma consistente proposta de incursão por outras searas, a contemplar aspectos negligenciados de uma advocacia eficiente, colmata muitas das ignorâncias globais em torno dessa profissão, que interessa a milhões de brasileiros. Mercê da incapacidade de percepção da realidade, "nosso modo de conhecimento subdesenvolveu a aptidão de contextualizar a informação e integrá-la a um conjunto que lhe dê sentido. Submersos na superabundância de informações, para nós fica cada vez mais difícil contextualizá-las, organizá-las, compreendê-las. A fragmentação e a compartimentalização do conhecimento em disciplinas não comunicantes tornam inapta a capacidade de perceber e conceber os problemas fundamentais e globais".[15]

O livro tem uma dimensão superlativa. Ao alargar o horizonte da advocacia, ele contribui ao aprimoramento da frágil democracia brasileira. Nesse sentido, incorpora verdadeira conclamação para um projeto de autêntica revisão da consciência de profissionais que são artífices da justiça.

Aqueles que se devotarem a assimilar essas lições, aprenderão a pensar como advogado, a atuar como advogado e a impregnar-se da filosofia exitosa da advocacia numa nação que precisa urgentemente de abnegados reformadores.

**José Renato Nalini**
Reitor da Uniregistral, docente da
Pós-graduação da Uninove e autor
de *Ética Geral e Profissional*, *Ética ambiental* e *A Rebelião da Toga*

---

[14] MORIN, Edgar. op. cit., idem p. 20.
[15] MORIN, Edgar. *A via para o futuro da humanidade*. Rio de Janeiro: Bertrand Brasil, 2013. p. 183.

# APRESENTAÇÃO

> *"O sucesso no Direito é, indiscutivelmente, externo a si próprio."*
> **(Bruno Bom)**

Já se filosofou sobre os mais diversos temas, buscando novos ângulos de interpretação dos seus conceitos, dogmas e vertentes. O exercício é bem saudável para delinear pontos de vista que, até então, foram pouco explorados ou valorizados. Quando decidimos escrever este livro, o nosso primeiro desafio foi buscar, na própria caminhada, referências que delineassem a nossa visão do sucesso no Direito sob outro ângulo e, assim, trazer ao leitor subsídios que estimulassem uma reflexão profunda sobre o assunto.

Logo de saída, percebemos que estávamos diante de uma empreitada complexa, pois muitos dos colegas advogados certamente seriam resistentes à essa proposta, visto que suas rotinas cotidianas praticamente os blindavam para quaisquer iniciativas "fora da caixa", pois as demandas profissionais incessantes absorviam todas as suas energias e atenções, impedindo-os de descortinar algo que fugisse da métrica habitual.

Essa constatação aguçou-nos o propósito de construir este projeto, pois temos a absoluta certeza de que advogar é uma arte e, como tal, não pode se restringir a regras instituídas a séculos, assim como de profissionais estáticos, que permanecem impassíveis diante das revoluções impostas pelo mundo contemporâneo.

Já foi o tempo em que ser um excelente advogado era requisito suficiente para construir uma carreira de sucesso, valorizada e respeitada pelos seus pares, colaboradores e clientes.

Aquele que não se der conta disso, indubitavelmente, estará fadado à obsolescência ou, quem sabe, até bem antes de se aproximar dela. O padrão do fazer jurídico, alicerçado naqueles valores que conhecemos tão bem, foi colocado num liquidificador e ligado na sua potência máxima, de forma que, ao ser desligado, o que restou não tinha mais nada da fórmula original. Muitos advogados supõem que poderão se ater ao *status quo* e que, agindo assim, estarão protegidos das intempéries e surpresas que os novos ventos estão sinalizando, muitas vezes de forma dissimulada, sem quaisquer alardes.

Ledo engano. Novos parâmetros na contratação de membros para a equipe e no perfil de clientes, por exemplo, não são mais meras possibilidades, já que descortinam uma realidade a qual não podemos mais nos negar a enxergar, tampouco aceitar as mudanças trazidas no seu bojo.

Esse perfil disruptivo vem à tona, estabelecendo parâmetros de comportamento que, literalmente, detonam pilares que se diziam inatingíveis, passando com rolo compressor sobre quesitos que pareciam eternos, mas que, de fato, estavam imbuídos de uma fragilidade imensa, por mais incrível que possa parecer.

Os mais de 1 milhão de advogados registrados no Brasil, conforme dados da OAB, denotam uma massa crescente de profissionais lutando pelo mesmo chão – obviamente cada um no seu nicho de atividade –, com a previsão de atingir os 2 milhões até 2023.

Para tornarmos os dados mais alarmantes, o Instituto Nacional de Estudos e Pesquisas (INEP) trazia, em 2021, o universo de aproximadamente 900 mil alunos matriculados em cursos de Direito, revelando que o Direito perdura como objeto de desejo profissional para quase 1 milhão de pessoas!

Ao ostentarmos o título de nação com mais cursos de Direito no mundo, com 1,4 mil deles ofertados em todo o país, podemos supor que a advocacia se saturou, chegou no limite.

Talvez até seja verdade, particularmente para quem não introspectar que é mandatário sair da casca e encarar os fatos como são.

Lembro-me de uma frase do prestigioso professor José Renato Nalini (2021): "o Direito é um universo complexo, capaz de seduzir os vocacionados. Mas para surtir os desejáveis efeitos para os quais ele se preordena, precisa dialogar com outras ciências".

Perguntamos: estamos realmente dispostos a dialogar com as outras ciências? Qual o limite da nossa capacidade de deixarmos de ser simples estátuas para nos tornar seres em movimento, com disposição para se reinventar, colocar em prática novos roteiros e traçar horizontes além do que a vista alcança?

> *"Os advogados superestimam sorte e ganhos rápidos. Os advogados ainda subestimam processos e o diálo go com outras ciências. Roma não foi construída em um único dia. Essa frase vale para quase tudo na vida, inclusive para o sucesso na advocacia."*
> **(Bruno Bom)**

O sucesso no Direito é, indiscutivelmente, externo a si próprio.

Quando nos propomos a sair da osmose e ir à luta, portando novas armas e novas estratégias de guerra, a chance de sobrevivermos será exponencialmente maior.

Ao mesmo tempo, não pretendemos nesta obra defender um modelo exato, uma "receita de bolo" para o sucesso na profissão.

A gestão de uma filosofia exitosa no Direito não é uma ciência exata, mas, sim, um universo de tomadas de decisões a partir de uma série de inferências e características particulares de cada situação.

É isso a que nos propomos no livro: não entregamos fórmulas ou pílulas de sucesso, mas nos comprometemos a desenvolver uma entrega de possibilidades de reflexões sobre caminhos, soluções autênticas, modos de fazer.

Pretendemos que ele seja uma fonte de inspiração aos operadores do Direito, em quaisquer níveis de atuação, para que se tornem e, principalmente, mantenham-se relevantes na nova conjuntura.

Vamos incluir, ainda, a análise de caso prático da maior e mais renomada firma advocatícia da América Latina, a Nelson

Wilians Advogados, escritório de dados estatísticos megalomaníacos: ao todo são mais de 500 mil processos ativos, cerca de 20 mil clientes, entre pessoas físicas e jurídicas, e um quadro de 3 mil colaboradores distribuídos em 29 unidades por todo o Brasil. O objetivo é trazer, além do conteúdo teórico, uma abordagem prática da filosofia do sucesso na profissão.

Como dizia Sêneca, "**o destino conduz o que consente e arrasta o que resiste**".

Alguns conceitos das obras aqui mencionadas parecerão repetitivos para os leitores, entretanto, estamos abordando quase dois séculos de Direito no Brasil, durante os quais foram enraizados axiomas e paradigmas em seus operadores, pilares edificados em um consciente coletivo, que impedem a realização profissional no caminho da filosofia do sucesso no Direito. Portanto, a ênfase nesses temas é de extrema relevância, a leitura constante e a solidificação dos conceitos devem ser compreendidas e traduzidas na realidade dos profissionais, conforme pontou Aristóteles: "**Nós somos o que fazemos repetidas vezes, repetidamente, a excelência, portanto, não é um feito, mas um hábito**".

Esperamos que este livro venha a contribuir para que a arte da profissão possa ser exercida com todo o seu vigor e plenitude, de forma que a plateia a aplauda de pé.

Assim, evitaremos as vaias que normalmente ecoam diante de uma performance retrógada e pífia, conduzindo os nossos destinos da melhor forma.

A todos, uma ótima e gratificante leitura!

**Bruno Bom e Sergio Vieira**

# SUMÁRIO

**Capítulo 1 – Os pilares da filosofia de sucesso na advocacia** .... 1
1. Estabeleça o seu propósito ......................................................... 3
2. Seja disciplinado – certifique-se de dizer "sim" às coisas que o levarão aos seus objetivos e diga "não" àquelas que não o levarão à sua busca ............................................. 4
3. Foque no que você controla ....................................................... 5
4. Aprenda a ver os erros como uma forma de aprendizado .................................................................................................. 6
5. Certifique-se de influências boas ............................................... 6
6. Conscientize-se de que o sucesso demanda tempo ........ 7
7. Desapegue da necessidade utópica de ser querido por todos .................................................................................................. 8
8. Pense antes de agir ....................................................................... 9
9. Crie uma imagem pessoal positiva ........................................... 10
10. Adquira conhecimento interdisciplinar ................................. 11
11. Aja amparado pela ética ............................................................. 11
12. Encare as mais diversas situações com humor e gentileza ....................................................................................................... 13
13. Seja consistente e adquira bons hábitos ............................... 14
14. Coloque-se com autenticidade ................................................. 15
15. Seja insubstituível ......................................................................... 16
16. Desenvolva espírito de liderança ............................................. 19

**Capítulo 2 – *Ecce Advocatus* – Prepare-se para os novos tempos** ................................................................................................. 21

**Capítulo 3 – Supere os velhos paradigmas da advocacia** ........... 27

**Capítulo 4 – Posicione-se no mercado** .............................................. 37
1. Não se engane com as aparências ........................................... 47
2. Conquiste aliados .......................................................................... 47

| | | |
|---|---|---|
| 3. | Norteie-se pela dualidade entre o bem e o mal | 48 |
| 4. | Desenvolva uma visão descentralizada | 48 |
| 5. | Seja disciplinado | 49 |
| 6. | Cumpra o que promete | 49 |

**Capítulo 5 – Desenvolva um olhar interdisciplinar na advocacia** ............ 51

**Capítulo 6 – Construa uma liderança contemporânea** ............ 61

**Capítulo 7 – Invista em *marketing* jurídico** ............ 71

**Capítulo 8 – Faça a gestão da marca pessoal** ............ 99

**Capítulo 9 – Conquiste a confiança do seu cliente** ............ 119

| | | |
|---|---|---|
| 1. | Tenha um objetivo definido | 121 |
| 2. | Faça um levantamento dos dados | 121 |
| 3. | Categorize as áreas de atuação | 122 |

**Capítulo 10 – Advogue com criatividade** ............ 133

**Capítulo 11 – Aprenda e cresça com a crise: a contextualização da advocacia no pós-Covid-19** ............ 153

**Capítulo 12 – Um *case* de sucesso** ............ 157

| | | |
|---|---|---|
| 1. | Justiceiras | 176 |
| 2. | Amigos do bem (sertão empreendedor) | 176 |
| 3. | Se liga moçada | 176 |
| 4. | Refúgio 343 (humanização e reinserção socioeconômica) | 177 |
| 5. | NW solidário (transformar a sociedade por meio do engajamento pessoal) | 177 |
| 6. | INW conecta | 178 |
| 7. | Compartilhando direito | 179 |
| 8. | Campanha e ações do dia da consciência negra | 179 |

**Referências Bibliográficas** ............ 191

**Anexo – Inspire-se em trajetórias de sucesso** ............ 195

## Capítulo 1
# OS PILARES DA FILOSOFIA DE SUCESSO NA ADVOCACIA

*"Se quer o verdadeiro sucesso na advocacia, deve ser servo da filosofia. Penso, logo advogo."* **(Bruno Bom)**

Neste primeiro capítulo, abordaremos os pilares da Filosofia de Sucesso na advocacia. E iremos bem além de sugerir uma bula para alguém ser bem-sucedido no universo jurídico. Esses pilares desenvolvidos também não são taxativos, mas uma reflexão edificada empiricamente e na filosofia que sugere comportamentos reflexivos inspirados no título desta obra: *A filosofia de sucesso na advocacia*.

Os tópicos a serem abordados extrapolam a área profissional e se enquadram no objetivo de ser bem-sucedido na vida, enquanto cidadão integrante de um núcleo que pode ser pessoal, profissional e das demais esferas da vida.

Ao longo da nossa experiência de quase uma década com *marketing* jurídico, convivemos com centenas de escritórios na América Latina. Alguns extremamente exitosos e a maioria, nem tanto. Pudemos observar na amostra dos escritórios e advogados de sucesso alguns "padrões comuns", uma espécie de código de conduta que seguiam, os quais, embora divergissem quanto aos aspectos socioculturais da região, demonstravam na sua essência uma convergência de valores e comportamentos similares.

Reforçamos que não existem *scripts* de sucesso. A tomada de decisão no universo jurídico deve ser pautada por uma série de inferências internas e externas. Mas, ao mesmo tempo, acreditamos fortemente na potencialidade de bons exemplos de sucesso e em sua inspiração como forma de romper a inércia e iniciar uma jornada de sucesso. Conforme ensinava o historiador

Lucien Febvre (1946): "A história é uma resposta a perguntas que o homem de hoje necessariamente se põe".

*"Se quer ter sucesso, prepara-se para ser testado e questionado todos os dias."*

Sucesso como definição geral é conseguir um objetivo: fama, dinheiro, *status*, poder etc.

O substantivo "sucesso" tem origem do latim: *successus, us*, "entrada, abertura; aproximação, chegada, vinda; bom resultado, bom êxito, bom sucesso" (*Dicionário Houaiss* [2001]). Relaciona-se, ainda, com suceder, que é um verbo também proveniente do latim: *succedo, is, essi, essum, ere*, "ir debaixo; entrar debaixo; entrar em um porto; submeter; aproximar-se; subir; colocar-se diante de; vir depois, vir em seguida, tomar o lugar de; alternar, revezar; suceder a; herdar; acontecer, sair-se (bem ou mal); ter um resultado", composto de sub – e *cedere*, "ir, vir; ceder o lugar a". Portanto, podemos definir, a partir da sua origem etimológica, que "sucesso" é conseguir, por meio da ação, alcançar com êxito uma determinada intenção. Nossa definição de sucesso é: ter a habilidade de transferir a outros cérebros modelos que podem alavancar e desenvolver vidas. Devemos sempre refletir: "Contribuímos mais do que efetivamente custamos ou custamos mais do que efetivamente contribuímos?". O nosso propósito é o de contribuirmos mais para a humanidade em comparação ao que custamos.

Sucesso está diretamente relacionado a ação e conversão de resultados. Segundo Nelson Wilians: "O que difere coragem e loucura (que resultam no sucesso) é o resultado".

Importante contextualizar que os princípios da filosofia de sucesso no Direito tiveram a inspiração da obra *Quem pensa enriquece*, de Hill (2009). Napoleon Hill foi um criador de milionários, conselheiro de titãs dos negócios e da indústria e confidente de presidentes.

Ele nasceu na pobreza e, como a maioria daqueles que conquistam uma posição de poder e influência, sua ascensão ao sucesso foi resultado de muitos fatores. Entretanto, diferentemente da maioria, Hill analisou cada evento-chave, identificou as lições e os princípios básicos e organizou os principais em uma filosofia de realização pessoal que pode ser usada por qualquer pessoa como um guia para criar seu próprio sucesso.

Por quase trinta anos, Hill dedicou-se a entrevistar mais de quinhentos dos mais famosos e bem-sucedidos líderes de cada setor (Henry Ford, Thomas Edison, John Davison Rockefeller, entre outros), além de milhares de outros empreendedores, tanto de sucesso como fracassados. Os resultados desses anos de estudo e pesquisa exaustiva fizeram dele um dos autores *best-sellers* da história e uma das vozes mais influentes dos Estados Unidos.

Após o contexto, vamos aos 16 pilares da filosofia de sucesso na advocacia.

## 1. Estabeleça o seu propósito

*"Você não ganha para advogar. Você advoga para resolver conflitos, mitigar danos e amparar seus clientes. A advocacia é o meio, não o fim."* **(Nelson Wilians)**

O Direito é um instrumento que direciona o caminho da verdadeira justiça. Um meio consagrado de mediar conflitos, mitigar dados e, acima de tudo, amparar os clientes com segurança.

Nenhum advogado vai melhorar de vida profissionalmente ou se sentir plenamente realizado porque "cumpriu o horário" ou "fez aquilo que mandaram". O trabalho não se mede em tempo, mas em resultados.

O conceito de propósito é fundamental para o entendimento e o diálogo no Direito, decorrente da absoluta confiança que se deposita nessa ideia ou fonte de transmissão. No contexto abordado, a iniciativa é o exercício do propósito em nossa vocação como operadores do Direito. A adoção dessa premissa gera um movimento mais fluido ao amadurecimento intelectual, à busca e à evolução de conhecimento por meio de leituras, eventos e pessoas.

Neste último ponto, as pessoas naturalmente demonstram quando há um propósito bem firmado, uma espécie de magnetismo pela sua postura, ideias e projetos. É um processo praticamente involuntário, que, inevitavelmente, atrai pessoas mais qualificadas, aumentando o seu círculo social de oportunidades, o *networking*.

Segundo Napoleon Hill: "O homem que faz mais do que é pago, em breve, será pago por mais do que fez". Resultado e reconhecimento só vêm antes do trabalho no dicionário.

Qual o seu propósito no Direito?

Não é fácil definir um caminho para seguir, especialmente quando dispomos de tantas possibilidades que ainda vão surgir neste mundo de incansáveis transformações, no qual não temos elementos para prever quais atividades estarão em alta daqui a poucos meses ou anos e quais serão sumariamente descartadas. De qualquer forma, com base em informações e dados que dispomos, é saudável procurar algo para o qual estejamos efetivamente vocacionados e, assim, construir uma missão de vida íntegra e honesta com os nossos sentimentos e habilidades – premissas que seguramente ajudarão bastante na nossa realização pessoal e profissional. O lado financeiro é importante, mas não deve ser o único propósito a ser enfatizado.

O encontro da hiperespecialização é fundamental para executar a atividade, qualquer que seja, com paixão e vivacidade.

Vemos de forma cada vez mais clara o advogado especialista ganhando espaço em relação ao advogado generalista.

*"Não troque seu propósito no Direito por uma proposta. Focar é abdicar!"* ***(Bruno Bom)***

2. **Seja disciplinado – certifique-se de dizer "sim" às coisas que o levarão aos seus objetivos e diga "não" àquelas que não o levarão à sua busca**

Michel Porter dizia que "a essência da estratégia é escolher o que não fazer". Isso pode parecer um tanto óbvio, num primeiro momento, mas, se refletirmos a fundo, veremos que não é bem assim.

Ao longo da vida, estamos tomando decisões a todo momento. Todos os dias, a primeira delas é se levantamos ou não da cama. Quantas vezes fazemos concessões que, definitivamente, estavam bem longe da nossa vontade? Por imposição, comodismo ou qualquer outra razão, acabamos dizendo um sonoro "sim" a coisas que, de fato, não queríamos naquele momento. Por outro lado, dizemos "não" àquelas que estavam plenamente alinhadas aos nossos objetivos, mas, por algum motivo, acabamos declinando de aceitá-las por medo, dúvida, insegurança ou qualquer outro motivo. Quando cumprimos a disciplina de expressar "sins" e "nãos" para as coisas que de fato são "sim" e "não", evitaremos arrependimentos posteriores e, sobretudo, a perda de preciosas oportunidades que fariam grande diferença em nossas vidas.

### 3. Foque no que você controla

*"A principal tarefa na vida é simplesmente esta: identificar e separar questões, de modo que eu possa dizer claramente para mim mesmo quais são externas – fora do meu controle – e quais têm a ver com as escolhas sobre as quais eu, de fato, tenho controle. Onde, então, devo buscar o bem e o mal? Não em extremos incontroláveis, mas dentro de mim mesmo, nas escolhas que são minhas."* **(Epicteto)**

Podemos extrair valiosos ensinamentos do pensamento do filósofo grego Epicteto. Quantas vezes trazemos para o nosso colo certas tarefas que estavam muito além da nossa capacidade? É possível que isso seja visto como um "gostar de desafios", o que tem até um lado bom, mas as chances de surgirem intercorrências numa situação dessas são enormes. Por outro lado, se concentrarmos as ações naquilo inserido nas nossas efetivas competências, a probabilidade de sucesso na empreitada será exponencialmente maior.

Um advogado de sucesso deve ter ciência da amplitude de sua capacidade e, quando perceber alguma demanda que ultrapassa essas fronteiras, é bem mais sensato buscar a ajuda de um colega com expertise naquele assunto, em vez de se aventurar em mares nunca navegados antes.

### 4. Aprenda a ver os erros como uma forma de aprendizado

Somente não erra quem não tenta acertar. Se observarmos as trajetórias de referências de sucesso dentro e fora da advocacia, veremos o quanto elas derraparam nas respectivas caminhadas e, sobretudo, o quanto de conhecimento e experiência puderam ser extraídos daquilo. Henry Ford dizia: "o insucesso é apenas uma oportunidade para recomeçar com mais inteligência". Reconhecer uma decisão errada com humildade é uma atitude básica de qualquer vencedor.

Lembramos outra frase relacionada a esse tema, de Napoleon Hill: "cada adversidade, cada fracasso, cada oportunidade, cada sofrimento traz consigo a semente de um benefício igual ou maior".

Curioso observar que ele colocou, na mesma frase, oportunidade e fracasso. Essas palavras, inicialmente de sentidos tão diversos, têm sinergia, porque podemos identificar oportunidades nos momentos de fracasso, de adversidade. Quando passa a "tormenta" resultante de uma situação adversa, cabe a cada um de nós procurar nos "escombros" as gotas de aprendizado e sabedoria que, certamente, estarão lá, aguardando serem recolhidas para ajudar no nosso próximo percurso.

### 5. Certifique-se de influências boas

"Diga-me com quem andas e dir-te-ei quem és" é um provérbio antigo, mas cujo sentido é bem contemporâneo. O entorno influencia demais as nossas ideias e ações. Muitas vezes, sequer percebermos, porque esse efeito ocasionalmente é sutil, mas nem por isso menos importante. Um advogado que se cercar de bons advogados, naturalmente, absorverá deles informações e referências que se refletirão positivamente em sua carreira. Isso vale não apenas à formação da imagem perante os colaboradores, parceiros e clientes, mas, também, decisivamente na construção da sua personalidade profissional, quesito que será um poderoso diferencial competitivo. O ambiente em que vivemos afeta diretamente o que somos e o que nos tornamos. É uma demonstração de inteligência buscar habitualmente nos cercar de pessoas que contribuem com o nosso crescimento de alguma forma. Isso vale, também, para as referências e informações que validamos como úteis e importantes para a nossa vida: quanto melhores forem essas fontes, melhor seremos em todos os âmbitos, tanto pessoais quanto profissionais. Conforme o pensamento atribuído a Jim Rohn, um indivíduo seria composto pela média das cinco pessoas com quem mais convive.

**6. Conscientize-se de que o sucesso demanda tempo**

> *"Os advogados superestimam sorte e ganhos rápidos. Os advogados, ainda, subestimam processos e o diálogo com outras ciências. Roma não foi construída em um único dia. Essa frase vale para quase tudo na vida, inclusive para o sucesso na advocacia."* **(Bruno Bom)**

Existe um tempo "nosso" e um tempo "do tempo", que independem da nossa vontade. Tantas vezes a impaciência, somada à ansiedade, quer acelerar tudo, o que acaba interferindo no ritmo natural de algumas coisas. Desenvolver a resiliência – capacidade de se recobrar facilmente ou se adaptar à má sorte e às mudanças, especialmente as indesejadas – o ajudará a evitar conflitos internos quando ocorre algo diferente do que havíamos planejado. O exercício da adaptabilidade é um grande aliado para o nosso fortalecimento, capacitando-nos a enfrentar com maior vigor e determinação o que vier a acontecer, uma vez que permitirá "mudar o jogo" quando necessário. Isso quer dizer alterar metas e posturas quando a situação exigir. Na rotina do escritório advocatício, muitas das situações vivenciadas exigem extrema paciência e resiliência, qualidades essenciais para evitar estresses e frustrações desnecessários.

Recordando Henry Ford: "O insucesso é apenas uma oportunidade para recomeçar com mais inteligência".

## 7. Desapegue da necessidade utópica de ser querido por todos

> *"Foda-se agradar a sua audiência. Preocupe-se em ser genuinamente relevante."* ***(Bruno Bom)***

Já mencionamos que toda unanimidade é burra. Terem posições contrárias às nossas faz parte do jogo da vida, dos relacionamentos humanos. Sempre teremos desafetos, assumidos ou não, e, quanto mais nos destacarmos na profissão, maior será a quantidade de pessoas que não concordarão com os nossos pensamentos e ações. É mister aprender e lidar com essas contrariedades e tirar delas algum aprendizado para nos tornarmos criaturas e profissionais melhores. Agradar e desagradar evidenciam que estamos conseguindo, de alguma forma, estabelecer vínculos pessoais e profissionais, com efeitos que variarão segundo o momento e a interpretação do entorno. Quando percebemos que algo não repercutiu da forma que desejávamos, haverá a possibilidade de revermos procedimentos e corrigir percursos.

John Kennedy citou: "Não posso dar-lhe a fórmula do sucesso, mas a do fracasso é querer agradar a todo mundo".

Quando pensamos em redes sociais – particularmente a forma como os advogados e escritórios de advocacia se posicionam –, analisamos uma abordagem saturada e repetitiva.

A Covid-19 reverberou em uma migração coercitiva para o mundo digital. Essa migração fez com que os profissionais do Direito trilhassem caminhos sem uma análise prévia de estratégia e propósito.

Para ganhar presença digital, mas principalmente aceitação, os formatos de conteúdo nas redes – como frases motivacionais vazias, dancinhas no TikTok sem nenhum sentido, vídeos desconexos, datas comemorativas *"copy and paste"* – estão cada vez mais desgastantes e não despertam a atenção da audiência. Posicionar-se meramente com a finalidade de ESTAR nas redes – deixando de SER de forma AUTÊNTICA – não vale a pena, é preferível não estar lá.

Por outro lado, observo em escritórios e advogados consolidados, que, além de se posicionarem com propósito, estratégia, versatilidade de conteúdo, eles NÃO SE IMPORTAM em AGRADAR a sua audiência, mas em serem RELEVANTES. Não se incomodam com métricas de vaidades ou em estar presente nas redes por modismo, mas pretendem compartilhar informação qualificada, conhecimento, ou seja, *networking* que gera valor aos seus posicionamentos estratégicos.

A insegurança também impera entre os advogados mais jovens, que se preocupam demasiadamente com a opinião de terceiros, o que os impede de se posicionarem digitalmente. Algumas dicas: não terceirize a pessoas que não têm representatividade na sua trajetória responsabilidades tão significativas como a construção de seu posicionamento e de sua autoridade. Lembre-se: nem Jesus Cristo agradou a todos! Busque seu nicho de atuação e seja um consumidor assíduo de informação. Desse modo, você construirá domínio e repertório qualificados, que se reverterão em segurança nos seus posicionamentos. Não se cobre demais nem tenha medo de errar, preocupe-se e confie no seu propósito firmado.

Seja relevante e comece!

## 8. Pense antes de agir

> *"Este é o problema de muitos advogados: eles não têm paciência. Não têm vontade de resolver algo lento, claro e nítido em suas estratégias jurídicas e de comunicação, de modo que possam realmente 'sentir que funciona'. Querem experimentar sua primeira ideia imediatamente; e o resultado é que eles gastam muito tempo, dinheiro e energia apenas para descobrir que estão 'remando' na direção errada. Todos nós cometemos equívocos e é melhor cometê-los o quanto antes."* **(Bruno Bom)**

A prerrogativa de viver é correr riscos. Talvez seja esse um dos principais ingredientes que impulsionam as nossas caminhadas diárias, nas quais, vez por outra, erramos o caminho, derrapamos e temos a sensação de que chegamos ao fim da linha. São situações precisas para criarmos lastro e reunirmos a maturidade necessária para dar passos mais fortes e decididos. Não são poucas as vezes em que nos flagramos em uma situação precipitada, tomando uma decisão intempestiva, a qual nos trará, tempos depois, arrependimento. Talvez, se tivéssemos refletido um pouco antes, teríamos uma atitude diferente e mais acertada. No fazer jurídico, a cautela é recurso sábio e poderá fazer a maior diferença em muitas demandas. Impulsividade desnecessária acaba nos prejudicando, ao passo que elaborar uma estratégia mental, ponderando os vários lados da questão, efetivamente nos municiará de preciosas armas para agir com mais eficiência. Assim, as chances de sermos bem-sucedidos serão indiscutivelmente maiores.

## 9. Crie uma imagem pessoal positiva

*"Você nunca terá uma segunda chance de causar uma primeira impressão."* **(Aaron Burns)**

A primeira impressão é como algo forjado a ferro e fogo, tal é sua importância no conceito que construiremos a respeito de alguém. Caso essa imagem não tenha sido positiva, exigirá um longo trabalho para mudá-la e, muitas vezes, por maiores que sejam os esforços nesse sentido, será praticamente impossível apagar de vez todos os vestígios negativos inicialmente causados. Portanto, se quisermos ser vistos com admiração e respeito, a regra básica é fazer tudo o que estiver ao nosso alcance para causar boas impressões desde o primeiro momento. O que não se restringe a passar somente uma imagem positiva. É essencial ter atitudes concretas que reflitam a impressão positiva e, dessa forma, naturalmente, a imagem que derivar dos nossos atos terá a mesma chancela, requisito fundamental para gerarmos empatia e credibilidade, especialmente entre os nossos pares no escritório, colaboradores e clientes.

## 10. Adquira conhecimento interdisciplinar

*"O conhecimento interdisciplinar é o movimento para a liberdade individual do operador do Direito."*
**(Bruno Bom)**

Já mencionamos em várias partes deste livro que somos defensores do diálogo do Direito com as outras ciências, especialmente quando tratamos da formação de futuros advogados. Mais do que uma convicção solidamente estruturada, esse pensamento traduz a nossa visão do mundo contemporâneo, pela qual deixamos de nos posicionar numa redoma – como se caracterizou o Direito do passado – para assumirmos uma postura interdisciplinar, estabelecendo pontos de conexão de mão dupla com outras áreas do conhecimento, gerando uma dinâmica troca de informações para enriquecer as nossas bases estruturais e, assim, podermos chegar a um posicionamento multifacetado, devidamente alinhado ao que está acontecendo no mundo, nas mais diversas áreas. De outra forma, ficaremos à margem de realidades que farão parte do cenário com o qual lidaremos mais cedo ou mais tarde. Quanto mais abrangente for a nossa visão, mais fidedigno será o nosso posicionamento enquanto peças atuantes da prática advocatícia.

*"O Direito é um universo complexo, capaz de seduzir os vocacionados. Mas para surtir os desejáveis efeitos para os quais ele se preordena, precisa dialogar com outras ciências."* **(José Renato Nalini)**

## 11. Aja amparado pela ética

A ética, nas atitudes da vida em geral, é fundamental ao estabelecimento de relações que venham a fluir positivamente.

Quando trazemos essa premissa para o universo corporativo, além de reiterarmos esses princípios, constatamos o seu sentido primordial para que as empresas possam fazer valer uma atuação na qual predominará um crescimento saudável, refletindo-se em um trabalho mais produtivo e fortalecendo a sua imagem perante todo o mercado.

Segundo Mário Sérgio Cortella, um dos pensadores contemporâneos mais celebrados de nosso país, "ética é o conjunto de valores e princípios que usamos para responder a três grandes questões: quero? devo? posso? Nem tudo o que eu quero eu posso; nem tudo o que eu posso eu devo; e nem tudo que devo eu quero. Você tem paz de espírito quando aquilo que você quer é, ao mesmo tempo, o que você pode e o que você deve".

Se elencarmos alguns tópicos que exemplifiquem o conceito de ética no seu contexto corporativo, poderemos considerar:

a) **Determine os seus valores**

Todo negócio, independentemente do porte e do segmento, é composto por regras objetivas, muitas vezes inseridas na sua missão e visão. Se não estiverem devidamente estipuladas, tê-las formatadas é medida essencial e premente.

b) **Crie um código de conduta**

É o caminho mais curto e eficaz para fazer vigorar a ética na estrutura corporativa, englobando princípios estabelecidos pelos órgãos de classe e pela própria instituição. Inclusive, considerando as diretrizes do teletrabalho, tão em voga nos tempos atuais. Recomenda-se a apresentação dele aos novos colaboradores, a fim de que tenham a plena ciência da métrica de atuação na qual a empresa está inserida.

c) **Reeduque-se sobre o significado da ética**

Compartilhar os valores inseridos numa postura ética terá reflexo direto na harmonia e na produtividade de todo o time, construindo um ambiente onde imperará a busca pelo aprendizado e pelo desenvolvimento profissional.

d) **Invista em treinamentos**

Desse modo, a capacidade dos integrantes da equipe será potencializada, complementada por reciclagens e *feedbacks* difundidos a partir do líder – especialmente os princípios éticos assumidos pela empresa –, ministrados de forma que todos possam alcançar o perfeito entendimento, usufruindo dos ganhos resultantes dessas ações.

e) **Faça avaliações e auditorias**

Ambas contribuem para checar se os processos aplicados estão cumprindo a sua função e também ajudam a identificar com maior clareza o comportamento dos colaboradores, propiciando a correção de erros de percurso quando necessário. Atitudes que se contrapõem às políticas éticas vigentes poderão vir à tona por iniciativa dos colaboradores, contudo, deve-se preservar o sigilo de praxe quando preciso.

Cada organização poderá acrescentar tópicos que atendam às suas necessidades específicas e, assim, manter um padrão ético em permanente alerta. Desse modo, podem continuar competitivas, pois, como bem sabemos, não há mais espaço para uma postura que vise à competitividade somente, mas aquela focada, também, em colaboração, humanização e transparência nas suas operações.

*"Tente não se tornar um homem de sucesso, mas, sim, um homem de valor."* **(Albert Einstein)**

## 12. Encare as mais diversas situações com humor e gentileza

Algumas situações com as quais o advogado lida na sua atividade diária podem apresentar componentes ríspidos, por motivos alheios à sua vontade ou participação. O humor e a gentileza ajudam a tornar esses momentos mais leves, apesar de tudo. Se ainda mantiver essa gentileza, ficará mais fácil administrar e superar eventuais adversidades que aparecerem. Fazer uso desses recursos como postura rotineira seguramente inspirará o entorno a ter atitudes semelhantes. Como dizia Nietzsche, "a potência intelectual de um homem se mede pela dose de humor que ele é capaz de usar".

## 13. Seja consistente e adquira bons hábitos

> *"Grandes coisas são compostas por uma série de pequenas coisas reunidas."* **(Vincent Van Gogh)**

Seja consistente e acredite nos pequenos passos. Ser consistente é decidir fazer algo por um dia e refazer essa decisão em todos os outros dias, incansavelmente, até que essa atividade se torne um hábito, que materializará o objetivo desejado. O significado de consistência vai mais além e está diretamente ligado à ideia de "continuidade". Ser consistente é o que faz com que todas as nossas atividades, tanto as pessoais quanto as profissionais, continuem seguindo o fluxo até serem finalmente concluídas.

Vivemos um período de digitalização e conectividade inédito na história. As novas tecnologias nos possibilitam a produção e o consumo de informação de forma inimaginável. Contudo, esse tempo de modernidade líquida nos imerge em um estado de agitação, ansiedade e imediatismo na materialização de resultados, propiciando que, em determinadas situações, o processo de conquista seja subestimado, gerando uma frustração e a desistência do objetivo mirado.

*Modernidade líquida* (2001) é o termo usado pelo sociólogo polonês Zygmunt Bauman para definir o tempo atual, também chamado de pós-moderno por alguns sociólogos e cientistas sociais. A associação com o líquido decorre da tese de que a sociedade contemporânea e suas relações – sociais, econômicas e de construção de valor – seriam, segundo Bauman, marcadas pelo imediatismo, pela fragilidade e pela liquidez. Ainda segundo o sociólogo: "Vivemos tempos líquidos. Nada é para durar". Essa reflexão pode ser aplicada em todas as esferas de nossas vidas: nos relacionamentos, na prática de atividades físicas e em nossa trajetória profissional.

Todos aspiramos ao sucesso em diferentes áreas da vida, entretanto, o caminho é longo e difícil e as recompensas nem sempre são fáceis e rápidas. Desse modo, escolhemos caminhos diferentes, menos íngremes, e cada um deles atrai certo tipo de personalidade, levando-se em conta a nossa zona de conforto.

Mudar o tempo todo por causa de qualquer dificuldade não vai ajudá-lo a atingir a excelência. Você até pode alcançar o sucesso temporariamente, porém, para mantê-lo, precisará de consistência em suas ações durante a jornada, além de coragem, atitude, criatividade e resiliência.

> *"Todos os advogados de sucesso, inclusive aqueles em quem você se inspira, começaram do zero."* **(Bruno Bom)**

## 14. Coloque-se com autenticidade

> *"É melhor parecer o que somos, do que fingir parecer o que não somos."* **(F. De La Rochefoucauld)**

Autenticidade é um componente indissociável na busca do sucesso e consiste na certeza sobre a veracidade ou a originalidade de algo, sendo esta obtida mediante análises feitas no objeto em questão.

Quando algo tem autenticidade, significa que é autêntico, ou seja, não passou por processos de mutações ou reproduções indevidas. A autenticidade é a natureza daquilo que é verdadeiro, real e genuíno.

Vivemos em um período no qual a pluralidade, a diversidade, a grande velocidade das mudanças e a complexidade desafiam a nossa autenticidade. A saturação da comunicação, reverberada pela migração coercitiva na era Covid, também intensificou a dificuldade do encontro com o autêntico.

A autenticidade se mostra essencial até por uma questão de segurança, a fim de garantir que a comunicação de advogados e instituições seja transparente, verdadeira e crível em suas posturas e serviços perante a audiência.

O principal ponto de reflexão na autenticidade é assumir e manter a sua verdadeira identidade, sem falsidade ou dissimulação. Isso vale também para as personalidades jurídicas, visto que, em sua essência, nada mais são do que a representação das pessoas que as compõem.

Isso significa que, em uma era de saturação e digitalização para alcançarmos a diferenciação, precisamos desenvolver a nossa essência, a nossa identidade e, com isso, manter a nossa autenticidade. É válido destacar que manter a autenticidade não quer dizer prescindir de aprender e reaprender constantemente, evoluir, mudar os nossos modelos mentais para inovar. De fato, isso é saudável e absolutamente necessário em tempos de mudanças agressivas.

Segundo Ivan Turgueniev (2021): "Sem autenticidade, sem educação, sem liberdade no seu significado mais amplo – na relação consigo mesmo, com as próprias ideias preconcebidas, até mesmo com o próprio povo e a própria história –, não se pode imaginar um artista verdadeiro; sem este ar não é possível respirar".

## 15. Seja insubstituível

É comum ouvirmos o axioma "ninguém é insubstituível". Registramos aqui que não concordamos com ele, e a história pode provar nossa posição a partir de personagens, cuja contribuição ímpar à humanidade os imortalizaram.

Como imaginar o mundo sem alguns talentos como: Beethoven, Santos Dumont, Machado de Assis, Elvis Presley, Albert Einstein, Isaac Newton, Picasso, Sócrates e milhares de outros ícones que alteraram e alteram os rumos da história do mundo?

E no Direito? Podemos destacar nomes como: Hans Kelsen, Rui Barbosa, Arruda Alvim, Ives Gandra e Nelson Wilians, entre (nem tantos assim) outros. Cada um com a sua maneira ímpar de conduzir com maestria o ofício na profissão jurídica.

É válido destacar que a maioria dos grandes talentos mundiais não eram perfeitos e muito menos convencionais. Beethoven era surdo; Picasso, instável; Kennedy, egocêntrico; Elvis, paranoico; Einstein tirava notas baixas na escola; Arruda Alvim, extremamente tímido; Nelson Wilians, de origem paupérrima.

Segundo o *best-seller As 48 leis do poder*, escrito por Robert Greene (2007), o mundo em que vivemos é regido por diversas leis e regras, quer estejamos conscientes disso ou não. A não ser que vivêssemos em uma bolha e não tivéssemos relação com qualquer outra pessoa, a não compreensão ou simples ignorância sobre a existência e o poder dessas leis resultariam em uma vida fracassada.

Portanto, para conseguirmos nos proteger e, principalmente, ser exitosos, é fundamental entender essas leis e apreender a maneira pela qual o mundo se orquestra. Assim, seremos aptos a enxergar o ecossistema em que estamos inseridos, descobrindo as verdadeiras intenções e até a "malícia" nas ações alheias, edificando a percepção de nos tornarmos insubstituíveis.

Basicamente, todos os nossos sonhos e ambições envolvem, de maneira direta ou indireta, a nossa relação com outras pessoas. Seja um novo emprego, uma promoção, sucesso nos negócios ou aumentar o nosso círculo de influência, tudo isso depende da nossa habilidade de lidar com outras pessoas.

A Lei 11 da obra *As 48 leis do poder* nos ensina: aprenda a manter as pessoas dependentes de você. Para construir e manter a sua independência, é fundamental ser insubstituível, ou seja, quanto mais os seus clientes depenedrem de você, mais liberdade terá. Faça seus clientes se sentirem seguros e prósperos por meio do seu trabalho e você não terá o que temer.

A necessidade governa o mundo. As pessoas raramente agem se não forem forçadas a isso. Então, se não formos necessários aos outros, provavelmente seremos descartados na primeira oportunidade, seja por falta de senso de urgência ou por outro advogado com honorários mais atrativos. Por outro lado, se efetivamente compreendermos essa lei e fizermos com que os outros precisem de nós para se sentirem seguros e alcançarem o sucesso e os benefícios desejados, contrapondo as fraquezas deles às nossas habilidades, não apenas sobreviveremos, mas seremos intocáveis, conquistando um enorme poder sobre eles.

A maneira mais assertiva de construir essa posição é criando uma relação perene de dependência. O pilar fundamental é a imersão, penetrar no trabalho dos clientes, tornando-nos essenciais à saúde do negócio. Assim, eles jamais cogitariam a hipótese de não contarem com a nossa presença e prestação de serviços. A ausência deve ser interpretada como um risco na operação do negócio. No melhor dos casos, eles deverão investir seu escasso tempo ou precioso dinheiro na tentativa de substituir nossa dolorosa ausência.

Uma das melhores maneiras para construir essa relação é a oferta de conhecimentos e habilidades insubstituíveis. Contudo, se você não for detentor dessas habilidades e, consequentemente, não for realmente indispensável, procure outras maneiras para tornar-se.

Herry Kissinger conseguiu sobreviver a diversos episódios na Casa Branca durante o governo de Nixon. Não por ser o melhor diplomata que o presidente poderia encontrar ou porque se davam bem. Na verdade, eles tinham conflitos terríveis. Kissinger se manteve em razão de seu envolvimento em vários aspectos, departamentos e áreas da estrutura política norte-americana, de modo que o seu afastamento – devido à sua influência – poderia significar o fracasso do governo de Nixon. Quando você conquista uma relação como essa, por meio de diversas relações de interdependência, você se torna insubstituível.

Outra maneira de fazer com que seus clientes sejam dependentes de você é aplicar a tática das informações secretas. Ao conhecer os segredos dos seus clientes e de suas operações, guardando informações delicadas e críticas – mesmo mediante termo de confidencialidade e não concorrência – eles dificilmente se arriscarão a dispensá-lo. Em outras palavras, você se tornará intocável.

Entre tantos outros relatos históricos, durante o reinado de Luís XI, o grande Rei Aranha da França, havia em sua corte um astrólogo, por quem o rei sentia uma forte admiração. Certo dia, o astrólogo previu que uma senhora, integrante da corte, morreria dentro de oito dias. Embora experimentasse um grande interesse por astrologia e, realmente, admirasse aquele homem, quando a profecia se realizou, Luís ficou assustadíssimo. Ou o astrólogo havia assassinado a mulher para provar suas habilidades ou ele realmente possuía poderes sobrenaturais que representavam uma ameaça ao próprio monarca. Luís XI decretou a sua execução.

O rei, então, planejou a morte do astrólogo e combinou com seus criados que eles deveriam chamar o homem até o seu quarto, no ponto mais alto do castelo, e, ao fazer um sinal combinado, os criados deveriam erguê-lo e arremessá-lo do alto da torre.

Quando o astrólogo finalmente chegou, Luís resolveu fazer uma última pergunta:

– Você diz saber o destino das pessoas, pois me diga, então, qual será o seu destino?

O astrólogo respondeu:

– Morrerei três dias antes de Vossa Majestade.

O rei ficou calado com a resposta e imediatamente mudou de ideia, poupando a vida do astrólogo. Dessa forma, daquele dia em diante, o rei Luís XI fez de tudo para proteger e prolongar a vida do profeta. Ele até enchia o homem de presentes, convidava-o para os melhores banquetes e fazia questão que ele fosse tratado pelos melhores médicos franceses. No fim, o astrólogo morreu anos depois do rei, desmentindo seu poder de profecia, mas provando sua perícia no poder.

Segundo Coco Chanel: "Para ser insubstituível, você precisa ser diferente". E provocamos a reflexão: você é um advogado insubstituível? Seja pelas competências e habilidades únicas em uma frente de atuação, seja por intermédio da influência nas relações interpessoais, seja por guardar informações confidenciais ou por apresentar uma imagem ilibada na comunicação, que diferença fazemos diariamente em nossa profissão para nos tornamos insubstituíveis? O diferencial compete a cada um de nós. Ou seremos arremessados do ponto mais alto da torre.

## 16. Desenvolva espírito de liderança

Liderança não é algo imposto pela força. Tornar-se líder é construído passo a passo, atitude por atitude, sedimentando na equipe o sentido dessa postura como algo espontâneo, tornando-se uma marca incontestável, que servirá para gerar confiança e admiração em todos os colaboradores. Esse espírito inato atuará como fator de validação das suas atitudes, tendo relação direta com os resultados que pretende obter do time, exigindo atenção permanente para manter essa imagem prevalecendo de fato.

Nem tudo na vida se resolve com fórmulas, infelizmente.

Contudo, certamente, se cultivarmos valores nobres – identificando o real propósito, cumprindo um código de conduta, incorporando o sentido da ética, apostando nos treinamentos, atuando com humor e gentileza, exercitando o espírito de liderança, mantendo o foco, resiliência, paciência e, ainda, adaptando-nos aos novos cenários, reconhecendo e aprendendo com os erros, não nos precipitando, cercando-nos de boas influências – os combinarmos da forma correta, na hora certa, com as pessoas indicadas e com objetivos ideais, teremos enormes chances de alcançar o cobiçado sucesso.

No caso dos escritórios de advocacia, inseridos em um segmento que ainda é marcado pelo tradicionalismo, é comum encontrarmos uma visão muito distorcida do que é ser líder.

Geralmente, vemos a figura de um chefe autoritário, que impõe suas vontades e pressiona seus pares, como principal método para atingir resultados.

O que destacamos aqui, na verdade, é o oposto desse comportamento. O líder é uma força colaborativa que inspira confiança – e não medo – em seus semelhantes.

Mais do que delegar tarefas, cobrar prazos e alinhar a qualidade do trabalho entregue, as figuras de liderança assumem para si grandes responsabilidades, atuando ativamente em cada uma das demandas do escritório nas quais participam.

Também são profissionais prestativos e acessíveis, sendo, com frequência, procurados por outros colaboradores para sanar dúvidas ou emitir opiniões sobre determinados assuntos, disponibilizando seu conhecimento jurídico para todos a sua volta.

## Capítulo 2
## *ECCE ADVOCATUS* – PREPARE-SE PARA OS NOVOS TEMPOS

*"Pelos olhos dos advogados, é vista a essência da justiça."* **(Bruno Bom)**

Axioma é uma verdade inquestionável e universalmente aceita, fundamentada na elaboração de alguma teoria ou como referência para construir determinada argumentação. A sua raiz está na palavra grega *axios*, cujo significado é válido ou digno.

O Direito, por sua vez, também possui uma vertente filosófica axiomática, por meio da qual diversas bases dogmáticas são estabelecidas, criando pensamentos enraizados que não podem – ou não devem – ser criticados.

Assim, para nos prepararmos para os novos tempos, é necessário confrontar a filosofia axiomática do Direito, a fim de estimular uma reflexão mais profunda do tema e, sobretudo, vislumbrarmos patamares diversos que podem descortinar cenários até então pouco visitados ou valorizados.

Nesse sentido, o teórico austríaco Hans Kelsen foi hábil no intento de purificar o Direito, distanciando-o das tradicionais análises de cunho filosófico e até sociológico.

Na sua obra *Teoria Pura do Direito* (2009), Kelsen apõe uma depuração do objeto da ciência jurídica, englobando nesse contexto uma visão norteada pela imparcialidade, posto que estabelece como parâmetros básicos a imparcialidade e a especificidade.

O resultado dessa interpretação singular é a elevação do conjunto de normas jurídicas como elemento de ciência jurídica, buscando uma aproximação com a noção de justiça forjada por Platão – tão bem expressa na sua metafísica –, buscando galgá-la ao posto de uma verdade almejada por todos que valorizam o amor pelo conhecimento, elevando-o à condição de virtude. Suponho que essa associação, que se mostra inusitada num primeiro momento, far-se-á coerente e factível quando nos aprofundamos em suas considerações.

Sabemos que Platão, ao evidenciar a verdade, revolucionou o saber jurídico vigente em seu tempo, especialmente ao sugerir a noção de justiça se sobrepondo às leis, com o objetivo de conduzir os legisladores da época a buscarem a razão e a imparcialidade.

Hans Kelsen defendia a independência científica do Direito, enfatizando a sua autonomia e neutralidade e, para tanto, instituiu conceitos alicerçados na jurisprudência normativa e sociológica.

Ambas as reflexões nos levam ao que é consenso contemporâneo na advocacia, cumprindo o papel de grande arte a serviço da justiça e da sociedade.

Essa *performance*, cada vez mais, firma-se como axioma dentro e fora da seara jurídica, pois sabemos que os operadores do Direito vão além das fronteiras da profissão, estabelecendo elos com diversas áreas– das quais destaco gestão, *marketing* e empreendedorismo – e, assim, exercendo a pluralidade com plena autoridade.

No entanto, fazer valer a postura de grande arte terá o seu preço: o ônus por quebrar estigmas e impor regras até então distantes da sua realidade.

A renúncia a se restringir às bulas que caracterizavam o ofício de advogar é um dos dogmas a serem rompidos, exigindo uma adaptação aos novos chãos, ritos e desafios. Aquele cenário foi o grande responsável por despertar competências que antes eram distantes ou pouco valorizadas, requisito que fez aflorar possibilidades que trouxeram fôlego redobrado para lidar melhor com as situações impostas pela concorrência e pelo mercado em geral.

Reconheço que o Código de Ética e Disciplina da Ordem dos Advogados do Brasil não é estático, embora demonstre uma falta de mobilidade que esteja plenamente alinhada às demandas inseridas pelas mudanças com as quais nos deparamos, especialmente pelo excesso de restrições com o qual convivemos no que se refere à publicidade e meios para os advogados exercerem a competitividade, notadamente em comparação às regras vigentes em outros setores e atividades.

Entendemos que disciplinar e estabelecer limites para determinada atuação profissional é iniciativa saudável, a fim de evitar abusos e ações que possam prejudicar colegas e a sociedade, contudo, é preciso manter a atenção nas mudanças em curso.

Exemplo notório são as controvérsias com as quais nos defrontamos referentes às publicações em redes sociais e demais ações inseridas no universo do *marketing* digital, que deveriam ser devidamente avaliadas, com todo o critério, buscando-se estabelecer normas que evitem o cerceamento de iniciativas fundamentais para obtermos um bom desempenho em todos os sentidos.

Conforme Thomas J. Peters: "para a empresa excelente, a inovação é a única coisa permanente". Esta não uma posição individual, visto que um levantamento elaborado pelo *Datafolha*, em 11 de maio de 2021,[1] concluiu que:

– 44% dos advogados defendem que as regras do Código de Ética e Disciplina da OAB sejam flexibilizadas;
– 48% se posicionaram pela manutenção delas;
– 8% consideram que elas devem ser endurecidas.

A pesquisa aponta, ainda, que a soma dos percentuais daqueles que não querem mudanças na nossa legislação e os que a querem, mas de modo mais restritivo é de 56% dos entrevistados.

Avaliando os dados computados pelo *Datafolha*, podemos concluir que, na nossa categoria, temos profissionais com modos variados de pensar em referência ao ser jurídico, descartando normas únicas, que atenderiam às expectativas de todos – si-

---

[1] Disponível em: https://www1.folha.uol.com.br/poder/2021/05/datafolha-conheca-a-opiniao-da-advocacia-sobre-restricao-de-publicidade-na-profissao.shtml. Acesso em: 5 jul. 2022.

tuação incompatível a qualquer setor no qual prevaleça uma postura democrática.

As transformações na sociedade jamais foram tão radicais como as que constatamos em tempos recentes.

O modo de se operar o Direito não poderia ficar fora desse contexto, particularmente no que diz respeito a novas tecnologias e novos meios para a troca de informações que aportaram no mundo digital.

Tudo isso se evidencia com o que foi vivenciado devido à Covid-19, cujos efeitos perdurarão ainda por muitos anos, quem sabe até por muitas gerações, mudando paradigmas que atingem a toda a humanidade, indistintamente, nos quatro cantos do planeta.

Na prática, não há como negar que esses novos tempos – somando-se tudo o que temos disponível – fatalmente tornarão o modelo da advocacia tradicional obsoleto.

Outrora, Sêneca havia intuído que "o destino conduz o que consente e arrasta o que resiste".

Podemos respeitar a postura de quem é conservador na lida da nossa profissão. Contudo, quem insistir nessa tecla estará fadado ao "arrastamento inevitável", somente lhe restando o consolo dos velhos e ultrapassados paradigmas e axiomas.

Os novos ventos são compostos por ingredientes irreversíveis e quem se negar a vê-los ou aceitá-los certamente perderá gradativamente o seu espaço e os seus clientes, uma vez que estes estão reiteradamente buscando ser atendidos por quem está alinhado aos valores atuais, somando-os a tradição, eficiência e reputação – o que somente muitos anos de trabalho poderão proporcionar.

Abraham Lincoln (1809-1865), 16º presidente dos Estados Unidos, considerado um dos inspiradores da moderna democracia, tornou-se, sem dúvida, uma das principais referências da história norte-americana.

Foi advogado em Springfield, tendo obtido o certificado para exercer a advocacia estudando por conta própria. Um dos seus atos mais reverenciados foi a emancipação da escravatura em seu país.

É dele a frase: "Se você está decididamente determinado a se tornar um advogado, a coisa já está pela metade".

Determinado é originário de "*determinatio*", do latim, cujo significado é limite, determinação, fim.

Somente se termina – seja ele quem for – se houver determinação, disciplina, resiliência, planejamento e paciência, entre outros atributos. Ser capaz de traçar um caminho até a meta e não desistir até a alcançar é a fórmula que resulta em sucesso em qualquer situação.

Voltando ao título deste capítulo, *Ecce Advocatus* é uma referência ao livro *Ecce Homo*, de Nietzsche (2008), uma de suas obras mais controvertidas – publicado em pleno agravamento da sua doença e transtorno mental –, no qual faz uma crítica aos filósofos por considerarem a filosofia uma ciência inserida apenas nos limites da intelectualidade e domínios dos donos da razão.

Podemos interpretar esse pensamento como uma crítica contundente a certos valores tão enraizados nos advogados, que os impedem de despertar, com pluralidade e humildade, para novos caminhos e ciências inerentes à realidade contemporânea,

Nesse livro, estão também alguns pontos bem marcantes da sua filosofia, dos quais destaco a tese do eterno retorno – pela qual cada um terá de viver a vida como agora e vivê-la ainda uma vez e inúmeras vezes, além da superação do homem pela criação.

A nossa vida advocatícia de agora está pautada por mudanças que não podem ser desprezadas, pois serão elas que darão o rumo da profissão nos anos que se seguem.

Já se falou que, na natureza, não sobrevivem as espécies mais fortes ou inteligentes, mas sim aquelas capazes de se adaptar às transformações.

Por fim, provoco a reflexão por meio da frase de George Bernard Shaw: "É impossível haver progresso sem mudanças e, aqueles que não conseguem mudar suas mentes, nada mudam".

*Capítulo 3*
# SUPERE OS VELHOS PARADIGMAS DA ADVOCACIA

> *"Novos tempos demandam dos advogados novas habilidades. É tempo do diálogo com outras ciências que se mostram necessárias ao exercício da própria profissão."* **(Bruno Bom)**

Algumas expressões se desgastaram pelo excessivo e indiscriminado uso, como "pensar fora da caixa" – numa referência a sair dos padrões ordinários, das delimitações autoimpostas que impedem a reflexão e ir além das próprias fronteiras.

No entanto, quando tratamos de paradigmas, aquela expressão tem a perfeita sinergia e adequação, porque enfoca o conjunto de hábitos que mantemos vivos e enraizados, muitas vezes sem ter a plena ciência do porquê disso, levando-nos a repetir os mesmos padrões e procedimentos, criando intransponíveis barreiras à aceitação dos novos ventos, das novas realidades, dos novos desafios. Segundo Einstein: "Loucura é querer resultados diferentes fazendo tudo exatamente igual".

Essa postura denota acomodamento e não oferece muitos riscos, visto que estaremos nos embrenhando em trilhas conhecidas, inseridas em roteiros familiares.

Por outro lado, também não oferece o desfrute do descobrimento, o prazer da inovação alinhada à criatividade, a alegria de ser capaz de desvendar algo até então intocado.

O paradigma está inserido no conceito das ciências e da epistemologia que estabelece o exemplo típico ou modelo de algo, com a representação de um padrão subsidiado por axiomas históricos, culturais ou comportamentais.

Para ilustrar melhor o seu significado, vamos pegar o exemplo de um bebê recém-nascido que entrou no mundo externo, literalmente, zerado em termos de referências. A vida se encarregará de preencher o seu HD com informações. E isso se dará por intermédio do núcleo familiar, religião, costumes, cultura da sua região, valores éticos e morais, enfim, uma série de fatores que contribuirão para construir seus códigos de entendimento nas mais diversas áreas.

A velha advocacia, à qual nos referimos no título deste capítulo, é a que foi iniciada no nosso país com a criação das escolas de Direito de Olinda e São Paulo, em 1827, com a promulgação da Lei de 11 de agosto daquele ano.

Temos quase 200 anos separando a raiz do saber jurídico dos tempos atuais. O que poderia até justificar que certos paradigmas se mantivessem ativos, já que estamos falando da construção de um ofício que passou por várias gerações, com seus valores culturais, morais e sociais permeando essa trajetória.

Exemplificando: quem viveu em plena Segunda Guerra Mundial, com certeza, terá paradigmas que divergem vertiginosamente daqueles que nasceram em tempos de paz, no que se refere a quesitos como segurança e luta pela sobrevivência.

Ou, então, quem sentiu na pele uma realidade pandêmica, desenvolvendo a percepção do mundo e das relações interpessoais destoadas das pessoas que tiveram o privilégio de estar num cenário saudável, sem aquelas ameaças invisíveis diuturnas que conhecemos tão bem. Os paradigmas que regem a sociedade e a comunicação global são dinâmicos, e essa postura maleável interferiu diretamente na forma como as pessoas buscam e trocam informações.

O modo de se operar o Direito não poderia ficar alheio a essa realidade, na qual prevalecem o desenvolvimento de novos negócios e novas tecnologias, impulso notadamente acelerado pelos respingos provocados pela era pós-Covid-19.

Esses respingos obrigaram todo o planeta a rever comportamentos, exigindo novas *performances*, especialmente na área profissional.

O advogado passou a atuar com amplo envolvimento nas várias teias que compõem o seu negócio, exigindo muito além do básico no que se refere à expertise jurídica. Isso quer dizer que o *business*, com todo o aporte estratégico que traz na bagagem, foi inserido no cotidiano do escritório e, nesse contexto, as faculdades de Direito precisam manter-se antenadas a esse olhar holístico, demandando o diálogo com outras ciências, o que traz à tona um grande desafio: como formar profissionais neste novo contexto, ensinando as mesmas disciplinas e incentivando as mesmas habilidades?

Cabe, portanto, aos gestores desses cursos superiores, atentarem-se à necessidade de não se manterem engessados no que diz respeito ao ensino do Direito e procederem os ajustes que o tornem alinhado aos tempos atuais.

Não temos a pretensão de recomendar nova grade curricular para os cursos de Direito, pois entendemos a complexidade envolvida nessa configuração.

Apenas propomos uma reflexão crítica do ensino jurídico, tendo como pano de fundo o papel que será exigido do advogado na sociedade contemporânea, de modo que sejam formados profissionais dotados de competências multidisciplinares, capazes de suprir as exigências do mercado com toda a garra e vigor.

O livro *Picos e vales*, de Spencer Johnson (2009), oferece-nos, de forma didática e assertiva, a importância premente da quebra de paradigmas, estimulando que superemos os nossos limites – visto que somos capazes de ir além dos limites que estabelecemos a nós mesmos em todas as esferas de atuação, sejam elas pessoais, familiares ou profissionais.

Só sobreviverão nesta guerra corporativa aqueles que forem aptos a se libertar daquilo que são notadamente habilitados e bem-sucedidos para se aventurarem no novo, desconhecido, intocado. Descobrindo em algum lugar dentro de si as ferramentas que despertem novas competências e talentos até então adormecidos.

O ensino dos jovens aspirantes à carreira de advogado, conforme já abordamos, terá de cumprir uma métrica bem mais complexa do que passar os princípios do Direito Civil aos alunos.

Como contamos na maioria das bancas de professores com um conjunto considerável de advogados tradicionalistas – que cumprem o seu trabalho adotando a metodologia compatível ao seu tempo de formação –, deverá partir deles o desejo de absorver os novos ventos, a fim de trazê-los às salas de aula como veia inspiradora. Esse é, sem dúvida, o maior desafio que temos quando pensamos no escopo do advogado do futuro.

Em síntese, todas profissões vendem alguma coisa e os advogados não podem se esquecer que, a rigor, são efetivos vendedores de ideias, soluções, experiência, tradição e confiança.

Quando estão diante do cliente, usam a argumentação verbal e linguagem corporal para convencer quem estiver do outro lado da mesa de que podem ajudar a resolver seus dilemas pessoais e corporativos.

Quanto melhor estivermos preparados para exercer o nosso papel, maiores serão as nossas chances de obter sucesso na profissão, abandonando o marasmo de quem apenas viu o tempo passar em vez de ter sido um dos mentores desse tempo.

Que tenhamos o desprendimento e a coragem para erguer as âncoras do passado e arregaçar as mangas para acolher o novo, abandonando as rédeas que nos prendiam a ritos ultrapassados – os quais já cumpriram seu roteiro e, agora, definitivamente, não devem passar de referências a serem consultadas quando quisermos saber o que se passou. E nada mais do que isso

Quando falamos de paradigmas na advocacia, podemos pensar e refletir sobre uma série de comportamentos e tradições ultrapassadas. O ensino jurídico no Brasil iniciou-se com a criação das escolas de Direito de Olinda e São Paulo, em 1827, com a promulgação da Lei de 11 de agosto de 1827. Portanto, são aproximadamente 200 anos de construção de paradigmas que atualmente não são mais adequados e coerentes ao desenvolvimento dos profissionais jurídicos.

O primeiro paradigma: a **adequação na formação universitária** para os operadores do Direito tornarem-se aptos diante da nova dinâmica de negócio. Segundo Darwin, "não é o mais forte que sobrevive, nem o mais inteligente, mas o que melhor se adapta às mudanças". As faculdades de Direito precisam se conscientizar de que, para manter-se relevante, o advogado deve ser holístico e isso demanda disciplina e diálogo com outras ciências. Afinal, como formar profissionais com um novo perfil ensinando as mesmas disciplinas e incentivando as mesmas habilidades?

Para sobreviver e progredir em um contexto cada vez mais dinâmico, os operadores do Direito precisam de flexibilidade mental e grande inteligência emocional. Terão, inevitavelmente, de abrir mão daquilo que sabem melhor (a visão míope tecnicista) e adaptarem-se ao que não sabem fazer, estimulando novas habilidades. Afinal, novos tempos demandam novas competências!

Infelizmente, ensinar jovens advogados a abraçar o desconhecido e manter seu equilíbrio mental é muito mais complexo e desafiador do que ensinar princípios do Direito Civil. Eles não serão habilitados a desenvolver resiliência lendo um livro ou meramente assistindo a uma aula. Aos próprios professores – muitas vezes advogados tradicionalistas –, falta a flexibilidade mental que o século XXI exige, pois eles mesmos são produtos do obsoleto sistema jurídico tradicionalista e retrógrado.

Em uma brilhante passagem, o escritor e futurista Alvim Toffler nos provoca: "o analfabeto do século XXI não será aquele que não consegue ler e escrever, mas aquele que não consegue aprender, desaprender e reaprender". As faculdades de Direito devem se conscientizar sobre a importância de "alfabetizar" os estudantes sob a nova égide da semântica social e corporativa e não formar "analfabetos" diante de uma nova conjuntura de dinâmicas e radicais mudanças.

O segundo paradigma: o excesso de leis e, principalmente, a legislação antiquada e não compatível ao exercício da advocacia no cenário vigente, em especial a que norteia a profissão jurídica. O Código de Ética e Disciplina da OAB, embora realize certos movimentos, não é responsivo à agressividade empresarial brasileira. O excesso de restrições, quase que limitadoras, ata os operadores do Direito no que se refere ao seu desenvolvimento e construção de relevância no novo e digital cenário corporativo, coibindo a publicidade e a competitividade dos advogados em comparação a outros profissionais prestadores de serviços. Segundo Tácito, grande historiador e senador romano: "Quanto mais corrupto o Estado, maior o número de leis". O conceito de corrupção ou corrompimento, em sentido *lato*, corresponde à ideia de decomposição – a vigência de um código de conduta quase obsoleto decompõe e retarda a profissionalização e o desenvolvimento de um segmento potencialmente promissor.

Atravessamos uma problemática pulsante em virtude desse sistema retrógado. É o caso dos bacharéis de Direito formados em 2020, que, em virtude da pandemia, não conseguiram realizar o Exame da OAB, ficando impedidos de iniciar sua jornada como advogados. A Ordem, na contramão da migração para o *on-line*, não se pronunciou em relação ao sistema de avaliação digital, negando a esses bacharéis o direito ao exercício da advocacia pela não formatação de um sistema de exame coerente ao cenário que atravessamos.

Terceiro paradigma: **marketing jurídico**. Algumas palavras, como publicidade e *marketing*, causam verdadeira resistência e dúvida em alguns profissionais do setor jurídico. Talvez, o motivo seja que eles fazem a faculdade pressupondo que terão que dirigir a sua atenção, depois de formados e aprovados no Exame da Ordem, somente ao exercício operacional do Direito. Dessa forma, o que outras profissões naturalmente fazem (*marketing* e gestão de negócios, por exemplo) não seria necessário a eles. Grande engano. Hoje, mais do que nunca, quem não fizer uso, independentemente da área de atuação, de certas ferramentas essenciais ao universo corporativo, enfrentará grandes chances de ficar obsoleto. Queremos dizer que, sem esse apoio estratégico, por melhores especialistas que sejam no segmento escolhido (boas faculdades e titulações acadêmicas), não se tornarão competitivos e correrão o sério risco de exclusão do mercado.

Segundo Bruno Pedro Bom, um dos coautores desta obra, "a publicidade na esfera jurídica não é proibida, mas sim regulamentada. As restrições estabelecidas são norteadoras para gerar informação relevante e comprometida com a responsabilidade social inerente à profissão".

A pandemia reverberou em uma migração coercitiva para o mundo digital, tornando-a um marco disruptivo de um sistema até então arcaico em termos de *marketing* jurídico. A OAB caminha a passos curtos rumo à adequação da publicidade jurídica em face do desenvolvimento digital.

O grupo de trabalho da publicidade da OAB, coordenado por Ary Raghiant Neto, apresentou, em 2021, proposição que alterou o Provimento 94/2000, que dispunha sobre a publicidade, a propaganda e a informação na advocacia. Agora, o novo Provimento 205/2021, autoriza o emprego de *posts* patrocinados nas redes sociais, desde que feitos de maneira sóbria e informativa, e a utilização de Google Ads.

Embora tardia, a iniciativa é necessária para padronizar o uso das ferramentas que são autorizadas mediante o entendimento dos tribunais locais. A proposição visa uniformizar, em âmbito federativo, o emprego dos recursos. Hoje, um escritório que tenha matriz em São Paulo e filial em Recife, por exemplo, pode fazer uso dos *posts* patrocinados na região paulistana, mas não na cidade pernambucana, gerando uma incoerência quando nos referimos à uniformidade na comunicação do escritório. Mais do que mencionarmos, isoladamente, o provimento cristalizando a ferramenta, a OAB precisa compreender que o modelo de negócio jurídico no Brasil mudou e que, agora, o tomador de decisão responsável pela contratação de um escritório para a sua empresa apresenta um perfil cada vez mais disruptivo e não está mais preso às "correntes do tradicionalismo jurídico".

Exige-se, cada vez mais, que o advogado seja uma pessoa envolvida no negócio, muito além de uma expertise jurídica, tornando-se um aliado estratégico de *business*. Por isso, suas novas e mais complexas funções pedem uma gama multidisciplinar de conhecimentos de outras áreas para a operação do próprio Direito – sendo que essa conjuntura contemporânea deve estar alinhada ao novo papel do operador do Direito, corroborando sua regulamentação para os advogados do século XXI serem e manterem-se relevantes.

> "O Direito é um universo complexo, capaz de seduzir os vocacionados. Mas, para surtir os desejáveis efeitos para os quais ele se preordena, precisa dialogar com outras ciências." **(José Renato Nalini)**

Algumas correntes defendem que a publicidade e o *marketing* jurídico não deveriam ser regulamentados pelo Código de Ética e Disciplina da Ordem dos Advogados do Brasil (CED/OAB), mas sim pelo Conselho Nacional de Autorregulamentação Publicitária (Conar) e preceitos do Código de Defesa do Consumidor.

Quarto paradigma: o **tradicionalismo obsoleto** e quase aristocrático que dissemina preceitos arcaicos. O "juridiquês" é um neologismo em voga no Brasil para designar o uso desnecessário e excessivo do jargão jurídico e de termos técnicos de Direito, algo incompatível com a digitalização e fluidez da informação. O axioma da tradição também é colocado em xeque, afinal, tradição não é conceituada isoladamente pelo fator quantitativo tempo, mas sim como nos posicionamos ao longo do tempo. A antiga máxima de que "o sucesso no Direito vem com os cabelos brancos" perde protagonismo para jovens advogados que ocupam, cada dia mais, cargos de liderança dentro das empresas. Invocamos a reflexão de Woody Allen: "A tradição é a ilusão da permanência".

Quinto paradigma: **o mercado jurídico está saturado.** Acreditamos que este seja um dos mais comuns paradigmas. Os dados estatísticos corroboram essa construção. Segundo a OAB, o quadro de causídicos registrados no Brasil é de aproximadamente de 1.3 milhões, com média de 1 advogado para cada 190 habitantes – e a previsão é chegar a 2 milhões de profissionais registrados até 2023. Ademais, segundo o Instituto Nacional de Estudos e Pesquisas (Inep), aproximadamente 900 mil alunos se matricularam em cursos de Direito em 2021. O Brasil possui 1.240 cursos superiores na área. Com isso, o país se consagra como a nação com mais cursos de Direito do mundo. A soma total de faculdades de Direito no mundo chega a 1.100 cursos. Mesmo com dados alarmantes, acreditamos que a advocacia não está saturada para quem compreende a importância da internet e das redes sociais, para aqueles jurisperitos que entendem a relevância da hiperespecialização para galgar um posicionamento, dentro do seu escopo de autoridade, de forma assertiva e segura junto ao público-alvo delimitado. Para os profissionais que compreendem que, segundo Dom Hélder Câmara: "É preciso mudar muito para ser sempre o mesmo".

Sexto paradigma: a não identificação do advogado como uma marca e o **preconceito de que são todos vendedores.**

Fechando os "6 lados da caixa paradigmática", todos os advogados, querendo ou não, desde a faculdade de Direito, são uma marca. Por isso, quanto antes eles assumirem essa posição, mais cedo colherão os resultados. Não existe outra profissão no mundo, senão a de vendedor. Sim, os advogados são vendedores, vendem muito mais do que serviços jurídicos: vendem soluções autênticas, segurança, ideias, conhecimento, esperança, reputação, e até experiência, que culmina inexoravelmente na necessidade da edificação de uma imagem pessoal que transmita credibilidade.

Os paradigmas nos limitam quanto a resultados financeiros e realização profissional. A advocacia não está saturada para os advogados que compreendem a necessidade de quebrar a caixa paradigmática para irem além. Nada será como antes e as mudanças de paradigmas são inerentes à adaptação em todas as esferas de nossas vidas.

## Capítulo 4
## POSICIONE-SE NO MERCADO

> *"Os advogados, antes de se preocuparem em construir reputação, devem se preocupar em contar uma boa história."* **(Bruno Bom)**

Existem grandes diferenças entre contar uma boa história e uma que seja excepcional, capaz de gerar uma conexão genuína.

As histórias excepcionais traduzem o escopo da alma, a essência dos pensamentos, das intenções.

É esta a síntese do conceito de *storytelling*: ir além de uma simples narrativa, esforçar-se para imprimir uma imagem que impacte, que emocione, que faça realmente a diferença e inspire pessoas, no lugar de se restringir a estereótipos e clichês desfalcados de carga vital consistente.

Infelizmente, o conceito de *storytelling* é altamente banalizado. A ferramenta é uma técnica narrativa que convida o interlocutor a fazer parte e se inspirar na história. As pessoas superestimam suas conquistas e sabemos que é natural do ser humano detalhar minuciosamente as suas vitórias. Todavia, esquecemo-nos de que, se desejamos impressionar o interlocutor, devemos sim contar nossas vitórias, porém, se queremos nos conectar ao interlocutor, é preciso contar e valorizar as nossas derrotas e erros vivenciados ao longo dos percursos que nos levaram a atingir outro patamar. O perfeito impressiona, o imperfeito conecta.

Segundo Henry Ford: *"O insucesso é apenas uma oportunidade para recomeçar com mais inteligência"*.

No fazer jurídico, as diferenças entre imagem e reputação se evidenciam de várias maneiras.

> *"Histórias são nossas tentativas de compartilhar nossos valores e crenças com a esperança de que possamos atrair aqueles que acreditam no que acreditamos. Essa é a base da formação de um relacionamento de confiança. Contar história, para isso, só vale a pena quando diz o que você significa, não o que faz."* **(Simon Sinek)**

Construir um legado é uma forma de perpetuar a própria reputação, o que é bem diferente de simplesmente se esforçar para passar uma boa imagem. Para isso, saber contar uma boa história é imprescindível.

Nesse contexto, a trajetória pessoal e profissional dos fundadores, gestores e colaboradores contribui diretamente à fundamentação da credibilidade, pilar básico na estruturação de uma carreira de sucesso.

Percebe-se, ao longo da história da advocacia brasileira, o foco predominante na tradição, na profissão dos "cabelos brancos". Contudo, somos imperativamente contra esse conceito enraizado da tradição como fator *sine qua non* (indispensável) ao sucesso no Direito. Entendemos que o sucesso conferido mediante a tradição, no seu sentido restrito, é a personalidade dos obsoletos.

Entenda-se tradição como um conjunto de sistemas simbólicos passados de geração a geração, em caráter repetitivo. A tradição deve ser considerada dinâmica e não estática, uma orientação do passado e uma maneira de organizar o mundo para o tempo futuro.

Se fizermos uma regressão na história, observaremos que inúmeros impérios tradicionais sucumbiram ao logo do tempo. Uma lição óbvia é que nenhum império dura para sempre e alguns podem ter uma vida muito curta. Pensemos no Reich de Hitler, que não durou sequer uma década, enquanto outros impérios duraram séculos, por exemplo o Império Romano, considerado a maior civilização da história ocidental, que durou 500 anos.

Por que os impérios entram em decadência e queda?

Os historiadores têm tentado responder a essa pergunta há muito tempo, existindo uma corrente predominante que acredita em uma espécie de teoria cíclica, a qual defende que um império ascende, atinge o seu auge e, então, entra em declínio, numa analogia similar aos seres humanos, que nascem, crescem rapidamente, atingem o seu ápice, começam a envelhecer e depois morrem.

Todavia, segundo o historiador Niall Ferguson, essa corrente é questionável. O historiador afirma que não se pode comparar os impérios aos seres humanos. Alega, ainda, que prefere pensar nos impérios tradicionais como sistemas complexos, que podem existir durante muito tempo – aparentemente em equilíbrio – e, então, dramaticamente desabarem. Ainda de acordo com Ferguson, o colapso repentino de um império é muito mais convincente do que um declínio gradual. Como exemplos, são citados o Império da União Soviética e o Império Britânico, após a Segunda Guerra Mundial.

No mundo corporativo, empresas familiares representam 80% das companhias existentes no Brasil, contribuindo com 50% do PIB nacional. Apesar dos números relevantes, apenas 12% desses negócios sobrevivem depois da terceira geração familiar assumir a gestão, segundo dados da Pesquisa de Empresas Familiares no Brasil 2021, da PWC.

Nos últimos anos, a preocupação com a sucessão, antes restrita às organizações, tem crescido nas bancas advocatícias. Trata-se de um fenômeno comparável à profissionalização de grupos familiares brasileiros, como o da Votorantim. Até uma década atrás, era comum ver o comando dos escritórios passar de pai para filho pelo tradicionalismo do nome, inclusive.

A sucessão em escritórios prestigiados é uma iniciativa essencial à "manutenção do império". Em 2010, 15 advogados deixaram o Pinheiro Neto para fundar o MMPK Advogados. Anteriormente, cinco sócios saíram do Machado Meyer para fundar o Souza Cescon – o que levou os fundadores a acelerar o processo de profissionalização. "A única constante é a mudança", a expressão preconizada pelo filósofo Heráclito de Éfeso é tão válida hoje como em seu tempo. De fato, ao pensarmos nas mudanças vertiginosas que sucedem no mundo, sociedades e modelos de negócio em particular, rapidamente conseguimos perceber que essa é uma condição contemporânea, com a particularidade dessas mudanças acontecerem a uma velocidade cada vez mais acelerada.

Isso faz com que paradigmas, até então imutáveis, cedam lugar a novos procedimentos e realidades, passando a prevalecer em larga escala, revelando a necessidade de ressignificarmos a tradição como algo que não depende isoladamente do fator tempo, mas sim de como nos posicionamos de forma relevante ao longo do tempo.

Escritórios com mais de 50 anos de tradição estão cada vez mais perdendo espaço para bancas com menos de 10 anos, uma vez que estas últimas carregam em seu DNA a inovação constante e o diálogo com as novas ciências. Para exemplificar, o maior escritório da América Latina, o NWADV, possui tímidos 20 anos e desponta como maior escritório empresarial *full-service* do continente, somando mais de 13 mil clientes.

Conforme disse Thomas J. Peters, "para a empresa excelente, a inovação é a única coisa permanente".

As transformações na sociedade nunca foram tão radicais como as que constatamos em tempos recentes. O modo de se operar o Direito não poderia ficar fora desse contexto, particularmente no tocante às novas tecnologias e novos meios para troca de informações que aportaram no mundo digital.

Na prática, não há como negar que esses novos tempos, somando tudo o que temos disponível, fatalmente tornarão o modelo da advocacia tradicional obsoleto.

Sêneca já havia intuído que "o destino conduz o que consente e arrasta o que resiste". Pensando assim, podemos respeitar a postura dos tradicionalistas na lida da profissão, mas quem insistir nessa mentalidade estará fadado ao "arrastamento inevitável", restando-lhes apenas o consolo dos velhos e ultrapassados paradigmas e axiomas de uma advocacia jurássica.

A advocacia contemporânea está pautada nas mudanças que não podem ser desprezadas, pois serão elas que darão o rumo da profissão nos anos que se seguem. E quais as principais razões que levam à queda dos escritórios tradicionais observadas em novos modelos de gestão advocatícia?

– Falha de gestão profissionalizada;

– Velhos paradigmas enraizados;

– Ausência de linguagem humanizada nas redes sociais;

– Inexistência de política de transparência e baixo engajamento com os colaboradores;

– Falta de "humildade intelectual" no aprendizado de novas ciências e tecnologias; e

– A supervalorização do academicismo e a miopia do modelo de negócio jurídico.

Já se afirmou que, na natureza, não sobrevivem as espécies mais fortes ou inteligentes, mas sim as mais capazes de se adaptar às transformações. Cabe a cada um de nós escolher se quer ser conduzido ou arrastado pela inevitável mudança.

> *"Tradição não é conferida isoladamente pelo fator quantitativo tempo, mas sim como nos posicionamos de forma relevante ao longo do tempo."* **(Bruno Bom)**

Os clientes e o mercado em geral dispõem de mecanismos sensíveis e precisos para aferir a veracidade do posicionamento do escritório, indo bem além do que a sua imagem representa. Assim, saberão extrair da sua história o que realmente faz sentido e de fato merece consideração.

Quantas vezes nos deparamos com certas histórias que, caso depuradas, se mostrariam frágeis, distorcidas, equivocadas? Mas que, mesmo assim, teimam em se postar no mesmo patamar daquelas que espelham verdades e, até certo ponto, tentam nos convencer disso – empreitada que, muitas vezes, poderá ser bem-sucedida inicialmente, mas com prazo restrito de validade.

As marcas jurídicas consagradas souberam, sabem e saberão como tirar proveito das próprias histórias e reconhecem que são constituídas de pessoas e, dessa forma, são elas que estarão à frente de tudo, norteando, guiando e revendo os percursos quando necessário.

Essas marcas notórias têm em seu lastro infindáveis histórias pautadas pela resiliência e obstinada determinação – verdadeiros tesouros intransferíveis, que fazem a diferença na perpetuação da sua existência.

Cinco tarefas que ajudam na construção de uma boa história:

**Tarefa 1**

Peça a todos que trabalham com você alguma história que reflita o especial de sua marca para elas. Quanto mais diferentes forem as histórias, mais rica será a sua marca.

**Tarefa 2**

Estimule que questionem tudo o que "sempre quiseram saber sobre sua marca, mas tinham medo de perguntar" (Woody Allen).

Faça das respostas a agenda para as próximas tarefas.

**Tarefa 3**

Como você diria aos seus clientes o quanto ama a sua marca? Se você acha que eles não se importam, reavalie a forma como está conversando com eles.

**Tarefa 4**

Peça a três amigos, de diferentes ramos de negócio, uma história sobre a sua marca. Se eles não souberem, você terá um longo trabalho pela frente.

**Tarefa 5**

Faça uma lista das histórias de seus competidores, as quais você gostaria que fossem sobre a sua marca. Então, saia e conquiste-as para você.

As boas histórias alimentam a reputação dos advogados. Por meio delas, nos conectamos ao mundo, conquistamos e defendemos os nossos espaços. São os nossos escudos para enfrentar os ventos que vierem contra, trazendo-nos o privilégio da eternidade.

> *"Mas como você poderia viver e não ter uma história para contar?"* ***(Dostoiévski)***

Essa frase de Dostoiévski, escritor russo do século XIX e reconhecido como um dos maiores romancistas de todos os tempos, ressalta que somente "vale a pena" viver quando somos capazes de construir uma história e não meramente passar os anos de forma banal, sem vitórias e obstáculos superados, resultando numa vida tênue, simplória, medíocre.

Os erros e aprendizados decorrentes é que produzem o lastro de guerreiro e criam caminhos rumo à vitória – levando o tempo que for necessário.

Muitos gastam todo o seu suor no intento de construir uma reputação, lapidando incessantemente uma imagem que exprima sapiência, capacidade e sucesso.

Estão, de fato, muito mais preocupados com o lado de fora, com aquilo que transparece, com a roupagem e a maquiagem, esquecendo-se, talvez, do mais importante: o aperfeiçoamento das engrenagens internas, da raiz, da estrutura responsável por dar sustentação à verdadeira identidade, ao verdadeiro ser, ao verdadeiro valor, reforçando um conceito muito mencionado, mas pouco praticado: o propósito.

É isso que queremos dizer quando nos referimos à preocupação de contar uma boa história no lugar de criar apenas uma boa reputação – iniciativa relevante, respeitada e valorizada pelo mercado, mas não balizadora de uma carreira de sucesso.

Será lamentável se, ao final da jornada, ao fazerem um balanço honesto da caminhada percorrida, depararem-se com amontoados de dissimulações e *performances* que, a rigor, conseguiram ser boas enquanto embalagem, mas falharam no quesito mais importante: a essência, que, efetivamente, traduz e revela a sua primordial razão de existir.

Já bem dizia Jean-Paul Sartre (1905-1980) – filósofo, escritor e crítico francês, figura máxima do existencialismo, corrente filosófica que defende a liberdade individual do ser humano –, "não importa o que fizeram com você. O que importa é o que você faz com aquilo que fizeram com você".

O "o que você faz" se refere, em nosso modo de ver, à responsabilidade de cada um em fazer valer a sua efetiva história, colocando no palco da vida pessoal e profissional um enredo elaborado com os ingredientes que verdadeiramente constituem a sua legítima realidade no lugar de mera dissimulação.

Este livro tem a temática "sucesso na prática advocatícia" como pano de fundo, permeando os vários tópicos que serão abordados no decorrer dos capítulos.

E sucesso, dependendo do ponto de vista, é algo objetivo e subjetivo.

Entender a dualidade que entrelaça ambas as palavras certamente ajudará a mergulhar conosco nesta viagem literária, abrindo mão de aceitar passivamente certos conceitos e estabelecendo uma visão crítica e descompromissada dos temas apresentados.

Acreditamos que fazer uso de citações e exemplos de outras pessoas é um recurso válido para colocar ideias em discussão, pois propicia estabelecer paralelos e sugerir raciocínios comparativos, exercício útil para uma compreensão mais efetiva de todo contexto exposto.

Joseph John Campbell foi um mitologista, conferencista e professor universitário norte-americano, falecido em 1987. Ficou famoso pelos estudos desenvolvidos focados em mitologia e religião comparada.

Um conceito criado por ele é o da **jornada do herói**, por meio do qual estabelece um tutorial do processo de transformação do homem comum em um herói, especialmente enfatizando as provações enfrentadas nesse intrincado percurso e a capacidade de não recuar diante dos obstáculos e desafios.

O cotidiano de todos nós apresenta degraus nesse complexo percurso que chamamos de vida.

Cada dia traz metas e provações que nos tornam verdadeiros heróis, colocando à prova a nossa capacidade e determinação, tornando-nos merecedores, portanto, de todos os ganhos conquistados mediante as batalhas vencidas, uma atrás da outra.

Tarefas têm de ser cumpridas. Algumas são triviais, outras exigem empenho, resiliência, disciplina e dedicação. Seguramente iremos titubear diante de certos momentos, inclusive, tendendo a desistir de tudo.

O herói não nega a insegurança que sente diante de determinados impasses, afinal, como ser humano, tem suas fragilidades, as quais virão à tona quando menos se espera, mas não tão fortes a ponto de expurgar os ânimos essenciais ao cumprimento da meta traçada.

Alguns ingredientes integram a "receita" de Campbell para uma jornada do herói ser coroada de êxito e eles poderão ajudar bastante a coroarmos também de êxito a nossa própria jornada de herói: paciência, ficar alerta à identificação dos aliados e inimigos – que ele denomina de "dragões" – e, sobretudo, manter-se atento ao começo, meio e fim – e daí renovar o fôlego para a jornada seguinte.

Esse é um ponto muito importante: perceber a linha de chegada, evitando negar ou subestimá-la. Quantas vezes ficamos teimando em prorrogar algo que já terminou. Ignorar o fim de uma etapa acabará impedindo-o de começar e vencer a próxima!

A linha estrutural que compõe o pensamento desenvolvido por Joseph Campbell está presente em roteiros de cinema, seriados de TV e no universo empresarial, na qualidade de ferramenta motivacional, notadamente como material de apoio para que seus executivos imprimam as suas próprias "jornadas de herói", ou seja, tirem do papel carreiras que pretendem construir para torná-las factíveis, entre outros benefícios.

Os temas poderão ser compartilhados de várias maneiras, como jogos, palestras e dinâmicas. Diversos estágios constituem o seu escopo, dentre os quais destaco:

**Encontro com o mentor** – o herói, ao se deparar com o mentor, não cria resistência e acata a ajuda para ser treinado por ele em sua aventura. Quantas vezes ignoramos os mentores que cruzam nossos caminhos, perdendo a oportunidade e privilégio de fazer uso dos ensinamentos e vivências que eles poderiam nos proporcionar.

O conjunto de características do grupo em que estamos inseridos influencia diretamente a maneira como nos comportamos, nossas decisões e, consequentemente, o sucesso ou o fracasso de nossas iniciativas. Nesse processo, a mentoria se faz fundamental. Ela se refere à partilha de conhecimento, realizada com auxílio e acompanhamento de um profissional mais experiente, apoiando e encorajando o profissional no aprimoramento de suas técnicas e seus processos de tomada de decisões. O grande benefício presente na mentoria reside na experiência profissional comprovada e no seu sucesso em funções semelhantes às do mentorado, direcionando, motivando e, sobretudo, permitindo o desenvolvimento de um processo de aprendizagem guiado e focado no alcance de um objetivo concreto.

A mentoria ajuda os advogados a gerirem sua autoaprendizagem, a compreenderem melhor o mercado em que estão inseridos, a amadurecerem suas ideias de modelo de negócios e a melhorarem seu desempenho em busca de resultados.

– **Retorno com o elixir** – o herói retorna para casa com o elixir e deverá utilizá-lo para auxiliar quem puder no mundo comum. Compartilhar o que foi conquistado com mais pessoais reverbera um sentimento de grandeza interior, replicando de forma incondicional as dádivas e os elixires recebidos.

– **O chamado da aventura** – o problema apresentado ao herói será um desafio ou uma aventura? Um copo ocupado até sua metade de água está meio cheio ou meio vazio? Tudo na vida é passível de uma interpretação positiva ou negativa. Desafios podem ser grandes tormentas ou deliciosas aventuras. Caso tenhamos a sensibilidade de vislumbrá-los mediante um viés positivo, com criatividade e a chancela de uma aventura, por mais adversos que se apresentem num primeiro momento, tudo se tornará mais fácil. Assim, com certeza, cada etapa será cumprida num chão menos árido, menos adverso, menos hostil.

Outra referência inspiradora encontra-se numa história em quadrinhos publicada pela Marvel, em que o personagem, ainda criança, Matthew "Matt" Murdock, salva um idoso cego de ser atropelado por um caminhão carregado de material radioativo. O impacto do salvamento faz o caminhão liberar a carga, cegando Matt.

A perda da visão forçou-o a aprimorar as suas habilidades sensórias, que passaram a ser utilizadas no combate ao crime na cidade de Nova York, tendo adotado o pseudônimo de Demolidor.

Esse é o enredo básico para compor, mais à frente, uma jornada dupla, de herói e advogado, fazendo uso, quando necessário, desse diferencial para resolver também suas demandas como operador do Direito, trazendo preciosas reflexões (e lições) que podem ser úteis ao nosso trabalho cotidiano.

## 1. Não se engane com as aparências

Um homem cego combatendo criminosos numa metrópole como Nova York parece algo inconcebível. Mas Matt provou que era possível. O que nos leva a concluir que julgar adversários (ou concorrentes) apenas pela sua imagem ou por alguma referência simples e facilmente exitosa poderá ser um grande equívoco. Trazendo para o universo jurídico, entendemos que a atenção do advogado não deve se restringir à peça de forma isolada e, sim, sendo orientada aos autores, buscando subsídios para ampliar a sua consistência.

## 2. Conquiste aliados

Matt se feriu em algumas investidas contra o crime e, para se recuperar, contou com a ajuda de amigos – especialmente nas situações mais delicadas. Também nas investidas no universo da advocacia não se viu solitário.

Há uma cena marcante nos quadrinhos, quando ele admite não realizar sozinho seus planos e é consolado pela amiga e cumplice Karen.

Simon Sinek já havia dito: "Você não consegue crescer sozinho, então, não finja conseguir". Ter aliados confiáveis para cumprir as tarefas do mundo real seguramente ajudará bastante na celeridade e no sucesso pessoal e profissional.

## 3. Norteie-se pela dualidade entre o bem e o mal

O Demolidor teve momentos de impasse, especialmente entre seguir os preceitos católicos ou outros caminhos, tendo de agir de modo agressivo, transgredindo conceitos morais.

Impasses, especialmente norteados pela dualidade moral, são ingredientes presentes na carreira do advogado. Seguindo os rastros de Matt, não defendemos uma postura maquiavélica, mas a de prevalência do juramento da categoria de fazer valer a justiça, tendo por base os princípios contraditórios e da ampla defesa, construindo o exercício do Direito amparado em preceitos imparciais, buscando empregar ferramentas jurídicas e técnicas, além da criatividade, de modo que mantenham a justiça à frente.

## 4. Desenvolva uma visão descentralizada

*"A criatividade é a maior ferramenta para superar uma crise. É o que os advogados deveriam utilizar quando não sabem o que fazer."* **(Bruno Bom)**

Já comentamos que a cegueira de Matt o levou a aflorar habilidades sensórias que foram essenciais à sua *performance* de herói. Esses sentidos aguçados lhe permitiram ter uma visão de 360º, a fim de não deixar nada escapar ao seu redor. Por exemplo, o uso da audição privilegiada na identificação de padrões vocais e até dos batimentos cardíacos e passos dos inimigos.

Muitos advogados insistem em se restringir a uma visão excessivamente tecnicista, deixando de "enxergar" toda a situação ou problema. Assim, correrão o risco de ser surpreendidos por algo que estava originalmente no seu campo de visão, mas que teimaram em não ver ou não deram a devida importância.

## 5. Seja disciplinado

Mesmo com aqueles poderes conquistados, o Demolidor passou por rigoroso treinamento prestado pelo seu mestre e líder do clã ninja, Stick.

Os Virtuosos, mesmo após intensa preparação, praticam artes marciais diariamente, buscando atingir, com disciplina, a perfeição durante seus embates heroicos.

Dizia Aristóteles, "**nós somos aquilo que fazemos repetidamente**". Disciplina e treinamento constantes são atributos que favorecem diretamente o sucesso na carreira de um advogado.

## 6. Cumpra o que promete

Matt, na categoria de herói ou de advogado, colocava o cumprimento das promessas acima de qualquer coisa, regra que em nenhum tempo ficava à margem das suas intenções e ações.

Cumprir o que foi prometido, por mais difícil que seja, é básico a um advogado que pretende trilhar uma jornada de sucesso, construindo uma reputação reconhecida pelos seus pares, parceiros, clientes e juízes.

*"A construção da imagem é temporal, a percepção da reputação, perene."* ***(Bruno Bom)***

Voltando à abertura do capítulo, um herói constrói a sua história contando boas histórias.

Mesmo que existam momentos adversos, repletos de tormentas, essa jornada será gratificante caso esteja alicerçada em passos inspirados no compartilhamento, na verdade, numa visão positiva, no reconhecimento pelas ajudas recebidas, entre outros indicativos que cada um poderá buscar dentro de si.

## Capítulo 5

# DESENVOLVA UM OLHAR INTERDISCIPLINAR NA ADVOCACIA

*"Novos tempos demandam novas competências."*
**(Bruno Bom)**

Já mencionamos que as faculdades de Direito precisam incorporar um olhar holístico, e esse novo *modus operandi* demandará o diálogo com outras ciências. Afinal, os clientes não esperam que o advogado esteja somente munido de uma visão técnica-jurídica, mas que também atue como um aliado estratégico de negócios, compreendendo e interpretando as leis com uma visão integrada interdisciplinar.

Esse olhar, segundo o entendimento de muitos estudiosos, deveria privilegiar os quatro Cs na formação jurídica, a saber: pensamento **c**rítico, **c**omunicação, **c**olaboração e **c**riatividade.

O pensamento crítico se refere ao olhar analítico que deve ser lançado sobre todas as questões jurídicas, buscando embasar suas opiniões segundo argumentos e fatos. Infelizmente, o Direito, por ser uma ciência muito dogmática, incentiva os estudantes, desde cedo, a apenas reproduzirem os pensamentos de juristas renomados, formando profissionais desacostumados a criarem as próprias linhas argumentativas.

A comunicação refere-se a ideia de que, antes de tudo, o principal instrumento de trabalho do advogado é a linguagem. De nada basta compreender as leis e as decisões judiciais, se não é capaz de comunicá-las – com eficácia – ao seu cliente, geralmente leigo, ou mesmo a um magistrado, que desconhece a situação fática.

A colaboração deriva do pensamento de que os profissionais do Direito são gregários, dependem de grupos para prestar serviços de qualidade. Isso se deve ao fato de que a ciência jurídica é infinita e os problemas apresentados pela maioria das pessoas, multidisciplinares. Dessa forma, mesmo os profissionais que atuam de forma independente, cedo ou tarde, necessitarão da ajuda e dos conhecimentos de outros colegas. Ser colaborativo, portanto, é uma habilidade indispensável.

Por fim, a criatividade é a peça-chave para a sobrevivência no mundo contemporâneo, em que as transformações ocorrem de maneira cada vez mais acelerada. Assim, conseguir antecipar tendências e encontrar soluções inovadoras são os maiores diferenciais competitivos que um profissional pode ter, seja qual for sua área de atuação.

Essas quatro vertentes estão intimamente relacionadas à habilidade de lidar com as mudanças, aprender coisas novas e preservar o equilíbrio mental em situações diversas e, particularmente, adversas.

Ou seja, mais do que meramente e comodamente se adaptarem ao novo, os operadores do Direito que se dispuserem a acompanhar o mundo do futuro não terão outra alternativa senão a de se reinventarem constantemente. A pertinência do tema inspira que ele seja retomado continuamente, no sentido de aprofundar a reflexão e, quem sabe, estimular que os gestores e professores de faculdades de Direito revejam suas métricas para torná-las mais condizentes com as demandas que os tempos atuais estão sinalizando.

É notório que a métrica do fazer jurídico no nosso país hoje difere radicalmente dos modelos que prevaleciam tempos atrás.

Por exemplo, o tomador de decisão, que terá a incumbência de efetivar a contratação de um escritório de advocacia para assessorar a sua empresa, apresenta um perfil notadamente disruptivo e desvinculado das bases características do tradicionalismo jurídico.

Queremos dizer que, se pretendemos estar à altura das exigências que o mercado apresenta, devemos ter como premissa que existem novos requisitos em questão e, como tal, quem não os atender certamente ficará à margem daqueles que cumpriram devidamente a pauta estabelecida.

Essa pauta se refere, basicamente, ao modo como nos inter-relacionamos, antevemos e administramos os problemas, como gerimos os nossos negócios, enfim, como nos posicionamos de modo geral.

Tudo isso está intimamente vinculado à forma como adquirimos e processamos os nossos conhecimentos, uma vez que lá estará centrada a fonte principal das referências que utilizaremos ao longo da vida, nas mais diversas áreas, tanto pessoais quanto profissionais.

Já dizia Immanuel Kant (2015), "todo o conhecimento humano começou com instituições, passou daí aos conceitos e terminou com ideias".

As instituições vocacionadas ao ensino do Direito não terão outra saída a não ser rever seus roteiros, no intuito de colocarem no mercado profissionais que estejam efetivamente aptos a conquistar seus espaços. E isso vai bem além de instituir uma nova grade curricular, cuja dificuldade de viabilização temos plena ciência, haja vista a quantidade de tópicos e detalhes envolvidos, direta e indiretamente.

Contudo, se não formos capazes de lançar um alerta relativo à premência de mudanças na nossa formação, seguramente nos manteremos numa área de conforto eternamente. Postura cômoda e que não oferece os riscos e desafios inerentes ao descortinar de novos cenários.

No entanto, serão justamente esses novos cenários que, invariavelmente, virão à tona, mais cedo ou mais tarde, não dando trégua àqueles retrógrados que teimam em insistir no mesmo assunto e se mantêm resistentes aos ritos que vão vigorar em curto, médio e longo prazos. Quando realçamos o papel das faculdades de Direito, enquanto as grandes responsáveis pela sobrevivência da nossa profissão, é no que se refere à formação de advogados que possam efetivamente cumprir as demandas em curso. E não meramente muni-los de um diploma, pressupondo que isso lhes bastará para se tornarem profissionais hábeis e competitivos.

Se pudéssemos oferecer uma sugestão prática às faculdades de Direito, recorreríamos ao que muitos estudiosos vêm a tempos propondo: que se valorize os quatros Cs na formação jurídica.

São quatro pilares que vão munir os estudantes de ferramentas que os capacitem a enfrentar as mudanças e não a serem engolidos por elas, estimulando e preservando o equilíbrio mental, especialmente nas situações adversas.

Isso corresponde a uma postura de se reinventar a todo momento, como se adiantasse o calendário muitos anos à frente, encarando os dias atuais com o olhar direcionado ao futuro.

Alguns podem entender as colocações nesse sentido como meras divagações, como se 10, 20 ou 30 anos fossem muito tempo. Com a velocidade que os dias estão "voando", o futuro está mais perto do que podemos querer ou supor.

E quando ele chegar, não terá conversa nem retórica: porque as suas leis são soberanas e teremos que nos curvar diante delas, querendo ou não.

Mais do que um alerta, entendemos essas colocações como um inevitável caminho pelo qual transitaremos, visto que as novas tecnologias e formatos de consumo da informação – resultantes da digitalização e dotadas de uma velocidade acelerada nunca antes experimentada – estão cravando suas pegadas de forma indelével.

A tecnologia, cada vez mais, incorpora-se ao cotidiano das mais diversas atividades, aportando possibilidades que tornam o seu exercício mais ágil e inteligente.

A advocacia não poderia ficar alheia a essa realidade e o *visual law* vem tornando a comunicação jurídica mais palatável e acessível, mediante o uso de infográficos, vídeos, fluxogramas e outros recursos visuais para auxiliar os advogados na busca dos direitos dos clientes. Assim como o *legal design*, que se refere à abordagem inspirada no *design thinking*, cujo objetivo é resolver problemas e descobrir novas soluções para questões do setor jurídico, sem perder o foco no ser humano.

Afinal, os clientes – por serem leigos e não familiarizados com certos termos corriqueiros do linguajar jurídico – talvez não tenham o pleno entendimento do teor dos documentos e petições.

Com essa clarificação, a confiança essencial no vínculo advogado-cliente será fortalecida, visto que o texto jurídico é a base da argumentação, seja ela por meio de relatórios, notificações, *e-mails* e tudo mais que for inserido nas rotinas cotidianas do escritório.

O *visual law* é fruto do recurso do *design* inserido no Direito, o *legal design*, que foi popularizado por iniciativa da professora Margareth Hagan, docente do curso de Direito da Universidade de Stanford, nos Estados Unidos. Ela traçou um paralelo entre modo de pensar dos *designers* e o universo jurídico, constatando que o somatório de *design*, Direito e tecnologia promoveria soluções inovadoras àqueles que utilizassem serviços advocatícios. Foi desse *insight* que nasceu o *legal design lab* naquela universidade.

Resumindo, o *legal design* é o conceito de técnicas, ferramentas e metodologias de *design* aplicadas ao Direito com foco no cliente, enquanto o *visual law* é exemplo de soluções resultantes de um processo de *legal design*, enfatizando a empatia, prerrogativa básica de uma relação humana eficiente.

Com os dados trafegando a toda velocidade em esfera mundial, a sua proteção e segurança tornaram-se uma preciosa moeda de troca, fazendo com que a **Lei Geral de Proteção de Dados – LGPD (Lei 13.709/2018)** entrasse na pauta de discussão nas mais diversas esferas – tema que, cada vez mais, firmará a sua relevância.

A LGPD, de 14 de agosto de 2018, trata do uso de dados pessoais por pessoa natural ou jurídica, inclusive de forma digital, visando à proteção dos direitos fundamentais de liberdade e à privacidade.

Vários quesitos estão contemplados em seu escopo, como a garantia aos titulares de consultar, de forma facilitada e gratuita, sobre de que maneira os dados serão usados e por quanto tempo, além da adoção de medidas para prevenir a ocorrência de danos em virtude do tratamento aplicado na utilização dos dados.

A LGPD também assegura ao titular dos dados o direito de obter, do controlador, o acesso aos dados para confirmar a existência de tratamento, correção de dados incompletos e a anonimização, bloqueio ou eliminação de dados desnecessários, excessivos ou tratados em desconformidade com o que está disposto na lei.

A **tecnologia de informação** voltada aos operadores do Direito – que estimula o desenvolvimento de *softwares* de gestão processual, armazenamento e automação de documentos – vem sendo incorporada ao cotidiano dos advogados e no setor público, especialmente quando Tribunais Superiores passaram a utilizar *softwares* dotados de inteligência artificial (IA), inclusive com capacidade decisória, reduzindo, assim, a carga processual dos magistrados.

Um exemplo dessa tecnologia no Brasil é o robô Rafa 2030 (sigla para "Redes Artificiais Focadas na Agenda 2030"), criado pelo STF no início de 2022. A IA realiza um trabalho de comparação semântica entre os processos que chegam na Corte, automatizando a classificação das ações e permitindo a identificação mais ágil de temas de interesse social.

A iniciativa faz parte as diretrizes dos Objetivos de Desenvolvimento Sustentável (ODS) definidos pelas Nações Unidas em 2015, e é uma tendência global.

Desse modo, as decisões obtiveram maior celeridade e eficiência, entre outros benefícios.

Outro exemplo importante é a recente criação do Sistema Eletrônico dos Registros Públicos (Serp), pela Lei 14.382/2022, que moderniza a estrutura cartorária brasileira, especialmente no que se refere à emissão de documentos eletrônicos.

Também é válido ressaltar a iniciativa pioneira do Estado do Espírito Santo que, por meio do *E-Docs Chain*, adotou uma tecnologia de assinaturas eletrônicas que utiliza conceitos de *blockchain*, tornando-se o primeiro ente da federação a realizar tal feito.

Como podemos observar, mudanças conjunturais estão a todo vapor e isso afeta o fazer do Direito em toda a sua extensão, desde as **práticas de negociação**, nas quais os novos padrões de comportamento passam a nortear a condução do *business*, fazendo aflorar posturas empreendedoras, aprimorando o "faro" para identificar oportunidades e propor soluções que atendam às expectativas do cliente da melhor maneira, interferindo, ainda, nos métodos de solução de conflitos e gerando novas regras a arbitragem, mediação e conciliação.

Podemos citar aqui o novo paradigma introduzido pelo Código de Processo Civil de 2015, que privilegia justamente as soluções negociais (art. 190 do CPC), bem como da maior protagonismo aos Centros Judiciários de Solução de Conflitos e Cidadania (CEJUSCs).

Tais mudanças corroboram a ideia de que a postura empregada por advogados deve mudar, contemplando uma visão menos combativa – e mais fluida - das demandas judiciais, isto é, observar interesses subjacentes que não são, muitas vezes, objeto do litígio.

> *"Todos os advogados são vendedores, muito mais do que serviços jurídicos, vendem soluções autênticas, segurança, conhecimento, conforto e esperança."*
> **(Bruno Bom)**

A não identificação dos advogados como uma marca e o preconceito de que são vendedores resultam em um abismo para novas conversões. Os advogados são vendedores, vendendo muito mais do que serviços jurídicos: vendem soluções autênticas, segurança, ideias, conhecimento, conforto, esperança, reputação e, acima de tudo, vendem experiência.

Nesse conceito amplo de venda, vale ressaltar o método de negociação da Universidade de Harvard, nos Estados Unidos, desenvolvido pelos professores de Direito William Ury e Roger Fisher, o qual defende que todas as partes envolvidas devem sair beneficiadas, contrapondo-se aos modelos tradicionais que beneficiam um lado em detrimento de outro.

Existem quatro pilares sustentando esse método:

1. **Separe as pessoas do problema**

Muitas vezes, o ego prevalece numa negociação, ocasionando desentendimentos e conflitos. Quando o deixamos de lado, atendo-nos, exclusivamente, à cerne da negociação, todo o processo fluirá com menos turbulências.

2. **Foque em interesses em vez de opiniões**

Identificar os interesses com clareza, na intenção de encontrar a solução desejada e levando em conta outras possibilidades, é o melhor caminho para gerar satisfação às partes.

3. **Crie opções de ganho mútuo**

Decisões prematuras, restringir opções e definir o problema somente avaliando os possíveis ganhos e perdas podem impedir a criação de soluções inovadoras para levar uma negociação a um bom termo.

4. **Invista em critérios objetivos**

Buscar agir com praticidade e legitimidade, esforçando-se a compreender os critérios adotados pela outra parte, ajudará a superar eventuais diferenças.

Se pretendemos sobreviver enquanto categoria profissional, precisamos lutar para destituir alguns procedimentos estáticos notados desde a formação do advogado e, então, estaremos devidamente armados para enfrentar as demandas que surgirem em nossos caminhos.

Já abordamos a nossa posição em relação ao Código de Ética e Disciplina da OAB. E não podemos descartar o **marketing jurídico** como ferramenta basal para construir uma história de sucesso na advocacia.

Em razão disso, os esforços para atrair e fidelizar clientes devem estar plenamente inseridos naquelas normas éticas e disciplinares, mesmo com suas arestas restritivas, exigindo criatividade e estratégia, a fim de criar diferenciais e estabelecer autoridade.

Solicitar o auxílio de profissionais que dominem os meandros mercadológicos focados no universo jurídico certamente contribuirá para reduzir etapas e se chegar, mais rapidamente, aos objetivos desejados.

Novos tempos implicam novas competências.

Muitos advogados já perceberam isso e realizaram os ajustes necessários na estrutura e em sua metodologia de ação, obtendo uma relevância reconhecida por pares, clientes, colaboradores, parceiros, *prospects* e pelo mercado em geral, consolidando, assim, a sua atuação, tornando-a mais aguerrida e eficiente.

Novos tempos requerem novos profissionais.

No entanto, qual seria o perfil desse profissional? Qual DNA deverá estar inserido em sua formação? Como delinear seus sonhos e projetos profissionais, considerando as novas regras do jogo?

As respostas a essas questões são complexas, pois, como já mencionamos, exigem uma revisão em paradigmas consolidados anos a fio e, sobretudo, enfrentaram a resistência de uma categoria profissional com prevalência de posturas clássicas, como se fosse um imenso transatlântico seguindo o seu curso.

Porém, mesmo diante desse cenário, os novos ventos vão prevalecer, mais cedo ou mais tarde. Como dizia Graham Wallas, "as ideias demandam disciplina, vontade e, sobretudo, esforço para se tornarem realidade".

Os profissionais do Direito que estarão à frente do seu tempo e do mercado terão os novos conceitos e posturas prevalecendo nos pensamentos e ações, sendo estes os maestros que regerão a orquestra do sucesso na nossa profissão.

Os paradigmas nos limitam em resultados financeiros e realização profissional. A advocacia não está saturada para os advogados que entendem que é preciso quebrar os velhos padrões e modelos para irem além. Nada será como antes e as mudanças de paradigmas são inerentes à adaptação em todas as esferas de nossas vidas. Segundo Moacir Farias: "quebra de paradigma é ter coragem para inovar, disposição para levantar as âncoras do passado e, mais do que tudo, ter foco para enfrentar o novo, cujo desfecho, na linguagem popular, pode ter duas opções 'pegar um atalho' ou 'esticar o caminho'".

Portanto, que tenhamos cada vez mais instituições de ensino do Direito conduzindo o seu trabalho imbuídas dessa visão do hoje e do amanhã, plenamente legitimadas por uma postura contemporânea que lhes permita exercer a formação dos seus alunos com toda a maestria e eficiência exigidas pelo seu privilegiado e respeitado ofício. Que suas competências estejam, cada vez mais, posicionando-se adiante do tempo, como exemplo de postura combativa e efetivamente alinhada às demandas da sociedade, dos clientes e do mercado como um todo.

## Capítulo 6
# CONSTRUA UMA LIDERANÇA CONTEMPORÂNEA

> *"Antes de você ser um líder, o sucesso é crescer. Quando você se torna um líder, o sucesso tem tudo a ver com o crescimento de outros."* **(Jack Welch)**

Antigamente, o líder era uma figura imposta e todos tinham que acatar sem questionamento suas ideias e seus valores, pois não lhes cabia alternativa diferente.

Assim, "líderes" se mantiveram à frente dos respectivos times, cumprindo o seu papel, pouco se importando com o que se pensavam deles – e ponto-final.

Novos tempos demandam novas competências e concepções ao conceito de liderança – especialmente no campo jurídico, com suas nuances próprias –, definitivamente transpondo a imposição.

Quais seriam as prerrogativas que determinam um líder hoje?

Diante dessa avalanche de mudanças sociais a que todos nós estamos submetidos, quem se propõe a atuar na posição de liderança deve, antes de mais nada, estar plenamente alinhado aos códigos vigentes, especialmente os transformadores, os revolucionários, e ter a predisposição de, junto com seus liderados, identificar novas possibilidades e corrigir erros de percurso toda vez que se fizer necessário.

E quando falamos de mudanças, nada é mais representativo do que a prevalência da modalidade *home office*, em que o convívio físico cedeu lugar ao convívio remoto, vinculando as pessoas pelos braços da tecnologia.

Como liderar, então, remotamente? Quais prerrogativas devem prevalecer nos líderes para comandar um time disperso, com cada elemento baseado na própria casa, tendo de administrar, em paralelo às demandas profissionais, as suas questões familiares, muitas delas, vez por outra, invadindo o espaço do trabalho?

Pode até parecer paradoxal, mas essa situação de distanciamento geográfico exige um esforço redobrado para se aproximar de cada membro do time, como se estivesse ao seu lado.

O *feedback*, tão usual e imprescindível no cenário corporativo pré-pandemia, agora mantém a sua prevalência com os recursos tecnológicos disponíveis e, saber utilizá-los ao nosso favor, faz a diferença... a maior diferença.

Isso significa apurar a sensibilidade para perceber a distância, os sentimentos, as inquietações e os pontos vulneráveis nos liderados, sugerindo ajustes tão logo algo fora do esperado se manifeste.

Esse mundo virtual vem estabelecendo pontos de convergência com o mundo físico cada vez mais notórios. Diferentemente do que muitos pensam, as regras sacramentadas por tanto tempo, que estabelecem relações físicas, presenciais, ainda vigoram na esfera digital, formando um contexto que mescla os dois universos – físico e digital – criando um novo espaço, no qual todos vamos viver e conviver daqui para frente.

O líder do novo tempo terá que assimilar ambas as vertentes e fazer delas a sua bula operacional, de modo que, brevemente, deixaremos da conjugar os termos *on-line* e *off-line* para ceder lugar ao *on-life* – que congrega as duas situações num mesmo teor, numa mesma realidade.

Exemplo disso são as *lives* que produzimos de casa e que atingem grandes grupos de pessoas ao mesmo tempo, impactando-os e levando informações à equipe, como forma de fazer valer uma liderança forte e persuasiva a distância.

Contudo, não podemos negar que essa dualidade do conectado/distante acaba fragilizando e abalando sentimentos outrora ávidos pela proximidade física cotidiana que lhes era costumeira.

Isso traz aos líderes a atribuição de se preocuparem, também, com os aspectos emocionais no trato com os colaboradores e não apenas com as tarefas inerentes ao trabalho.

Afinal, está lidando com gente e não com máquinas.

Como dizia Roosevelt: "para cuidar de si mesmo, use a cabeça. Para cuidar dos outros, use o coração".

Aqui entra um componente vital ao exercício da liderança: a empatia – saber ouvir e dar a devida atenção ao que chega aos ouvidos.

Podemos situá-la como a matéria-prima para uma liderança de fato. Saber se colocar no lugar do outro como ação habitual seguramente propiciará o crescimento de toda a equipe, mediante decisões humanizadas que aprimorem as rotinas produtivas, especialmente para contornar situações adversas.

No entanto, como bem sabemos, ouvir é uma arte e exige esforço para se tornar tangível.

"Ouve-se" também pelos olhos, pois estes nos permitem extrair, daquilo que não nos é dito, preciosas pérolas, que ajudam a compreender o que se passa no coração e na mente do outro.

Então, acreditamos que deixará de vigorar o efeito manada para prevalecer o efeito indivíduo, por meio do qual o líder tratará o grupo com foco individual, isolando o liderado dos demais quando necessário, a fim de absorver dele as referências que o ajudarão a compor o seu conjunto de valores e ações a ser implementado.

Não faz sentido uma liderança sem gerar resultados. Cabe ao líder contemporâneo entregar muito mais do que inicialmente esperado ou combinado, superando as expectativas.

Nesse intento, não poderá economizar esforços nem se contentar com empenhos pífios, que apenas cumpram a sua função. Objetivamente, deve exigir algo a mais de quem estiver sob a sua tutela, contagiando a todos com esse espírito desbravador e de fôlego insaciável.

Tomar iniciativas e fazer uso da estratégia e da criatividade de forma direta e pragmática, buscando criar valor para quem ou o que for: equipe, empresa, sociedade, país e o mundo todo.

Desse modo, imprimirá um pensamento crítico, questionando regras e paradigmas, visando estabelecer harmonia entre seus comandados, para que juntos alcancem as metas almejadas.

Cada membro do time deve reconhecer e assumir o seu protagonismo e não esperar sentado que o líder lhe traga tudo de bandeja.

Assim, cada um vai poder exercer a sua contribuição à liderança, fortalecendo as suas bases, de modo a vencer as batalhas e, no final, a guerra, seja ela qual for e aonde for.

O líder contemporâneo deve, ainda, conduzir os colaboradores à adoção de posturas convergentes, especialmente no que se refere às novas semânticas relacionadas ao mundo digital corporativo que dispomos atualmente.

Então, todos terão encurtado o caminho rumo à meta de sucesso, exercendo seu roteiro de líder, tendo por premissa atitudes persistentes e não meramente insistentes – como ocorria a seus pares do passado.

Para clarificarmos as diferenças desses dois polos, vamos resgatar a etimologia de insistência e persistência. A primeira é derivada do latim *"insistere"*, que significa "manter atitude" (*"in"*, com significado de sobre, somado à *"sistere"*, insistir).

Podemos interpretá-la como a repetição de atitude sem a preocupação de rever procedimentos ou efetuar quaisquer ajustes para torná-los mais eficazes e assertivos.

Sem dúvida, trata-se de uma postura cômoda e retrógrada, visto que ela se mantém impassível diante da inovação, pouco se preocupando se está atendendo às demandas daqueles que estão abaixo de si. Abre mão de criar alternativas e novas soluções, repetindo as mesmas teclas, pressupondo que, agindo assim, tudo bem. Mas não está nada bem.

> *"Loucura é continuar fazendo a mesma coisa e esperar resultados diferentes."* **(Albert Einstein)**

Partimos para a outra palavra e o conceito que ela nos traz. Persistir tem a mesma língua de origem, latim, e quer dizer "continuar com firmeza" ("*per*" quer dizer totalmente e, "*sistere*", ficar firme, em pé).

Fica fácil agora fazer a distinção das duas palavras a partir do entendimento da origem de seus conceitos: insistir é manter a atitude, enquanto persistir é realizar a mesma tarefa, porém, de maneira diferente.

Essa sutil diferença que as distingue é essencial, com a mais absoluta certeza.

Porque persistir denota uma postura de ir atrás das respostas, dos novos caminhos, "armado" de soluções criativas e exitosas. É buscar enxergar o que está além dos horizontes das pessoas, do óbvio, do corriqueiro. É exercer o que lhe cabe, motivado por um insaciável desejo de não se contentar com o mínimo, com o básico, com o trivial. Já bem dizia Charles Chaplin: "A persistência é o caminho do êxito".

Sabemos o quanto se reinventou o modo de operar o Direito.

Aqueles velhos paradigmas de liderança já não mais funcionam e, diante desse inegável cenário, os líderes contemporâneos não terão outra saída a não ser adotar métricas plenamente inseridas no âmago da persistência, especialmente nas situações defrontadas com algo adverso, tirando do bolso as suas "fórmulas secretas" embebidas de inovação e, então, atuarem exitosamente e com a aprovação daqueles que os seguem. Para isso ocorrer de fato, alguns quesitos se fazem necessário, dos quais destacamos o pensamento crítico, que questiona paradigmas e abre caminhos e atalhos para a equipe, auxiliando-a a superar seus próprios limites e rebarbas.

Não podemos deixar a resiliência de lado, dado que ter decisão e capacidade para resistir e se adaptar diante das crises e mudanças são ingredientes essenciais quando tratamos de inteligência emocional.

Descentralizar e delegar são premissas que consideramos soberanas quando traçamos o perfil da liderança corporativa, pois o sucesso de quem está à frente relaciona-se diretamente com o sucesso de quem vem atrás.

Qual a amplitude desse delegar?

Entendemos como a predisposição de dar autonomia à equipe no pensar e fazer, potencializando esforços voltados à geração de valor.

Não se ganha um jogo sozinho, ganhamos juntos, numa uníssona atuação em busca de atingir um mesmo objetivo, concretizando o mesmo sonho.

Quanto mais se sabe, mais se tem a aprender e ensinar. Ter humildade intelectual para admitir que nem toda "lição" foi aprendida ou transmitida e que errar é previsto a todos, porém, nem todos são capazes de reconhecer que algo não saiu como o esperado.

A grandeza do líder dos nossos tempos está no exercício desse jeito de ser, reconhecendo suas limitações e necessidade de aprimoramento constante, corrigindo arestas quando a situação assim exigir.

E os riscos? Como lidar com eles?

Toda investida, independentemente da sua dimensão, envolve a possibilidade de não sair exatamente como previsto, como desejado. O risco está intrinsicamente relacionado ao sucesso. Um não existe sem o outro. Parafraseando Peter Drucker "existe o risco que você não pode jamais correr e o risco que você não pode deixar de correr".

Exercer uma liderança sadia exige saber assumir riscos mirando o futuro e, caso surjam problemas, ter jogo de cintura, para rever o roteiro e prosseguir, mais fortalecido e determinado do que antes.

Sem uma estratégia, não é possível tirar qualquer plano do papel. O líder que busca resultados positivos nas suas empreitadas tem que construir previamente, no plano mental, cada passo que ele e sua equipe darão, antevendo quaisquer pontos nevrálgicos ou passíveis de obstáculos.

Tudo o que foi exposto é relevante na composição da figura da liderança corporativa contemporânea e, isto posto, vamos retomar alguns tópicos já dissertados para realçar bem os respectivos contextos:

1. Saber ouvir (e não meramente escutar, estando de corpo presente, mas com a atenção distante). Lembre-se: saber ouvir é uma arte;
2. Ter postura empática (se colocando no lugar do outro e, assim, ter a capacidade de tomar decisões mais humanizadas);

> *"Há líderes e há aqueles que lideram." **(Simon Sinek)***

3. Ser criativo, buscando superar desafios com talento e criatividade (pois bem sabemos que a criatividade é a mais eficiente ferramenta para superar uma crise, gerando novas soluções);

> *"A criatividade é a inteligência se divertindo."* ***(Albert Einstein)***

4. Ser acessível (nunca feche as suas "portas" a inquietações e questionamentos de quem for), assumindo o papel de maestro da estratégia, obviamente com o envolvimento direto nas ações em curso;

> *"Um líder deve ser inspirado pelas pessoas antes que possa inspirá-las." **(Simon Sinek)***

5. Exercer a ética com confiabilidade e sem restrições (cumprir o que promete, sem estabelecer quaisquer distinções ou restrições);

> *"Agir conforme aquilo que se fala, alinhar discurso e prática, além de ser uma postura ética é um sinal de autenticidade." **(Mário Sérgio Cortella)***

6. Visão interdisciplinar (estar atento às novas dinâmicas que surgem em todas as áreas). Praticar uma gestão

com visão holística, dialogando com novas ciências e abdicando ao que faz de melhor e se adaptando ao que não sabe fazer;
7. Ser otimista (capacidade de vislumbrar atrativas oportunidades em situações que os demais apenas enxergam ameaças e fracassos);

> *"O líder é um vendedor de esperanças."* ***(Napoleão Bonaparte)***

8. Saber compartilhar informações e não ser "mesquinho" na partilha. Muitas vezes, os líderes, por fraqueza ou insegurança de perderem suas posições, não são transparentes na divisão de conhecimento. O conhecimento somente é válido quando compartilhado e esta é uma das características essenciais de uma boa liderança para atingir os resultados;

> *"Um bom líder compartilha informações, mesmo que ele não saiba toda a história. Sem qualquer informação, as pessoas criam as suas próprias interpretações, o que gera medo e paranoia."* ***(Simon Sinek)***

9. Saber contagiar a equipe é essencial, além de explicar, explicar e explicar o porquê das tarefas incansavelmente e não delegar de forma arbitrária, é indissociável ao líder e a seus liderados na missão de alcançar um objetivo mirado.

> *"Grandes líderes dão a todos algo para acreditar, não algo para fazer."* ***(Simon Sinek)***

É evidente que existem muitas outras vertentes que contribuem para a construção de uma liderança contemporânea, especialmente pelo fato de vivermos numa sociedade em plena ebulição, na qual surgem novas possibilidades a todo instante, exigindo constantes adequações e mudanças de rumo, especialmente daqueles que ocupam posições à frente dos respectivos times.

Talvez seja justamente essa inconstância que nos impulsiona a, reiteradamente, buscar melhorias em nossos pensamentos e ações e a nos manter, dessa forma, à frente do tempo e não simplesmente estagnados nos velhos e nada eficientes conceitos de liderança.

Em contrapartida, observamos também os principais motivos do fracasso da liderança, que devem ser mapeados e evitados para a melhor *performance* dos líderes.

São eles:

1. Incapacidade de organizar detalhes;
2. Medo da concorrência;
3. Recusa em executar tarefas de cargos hierarquicamente inferiores;
4. Expectativa de pagamento pelo que "sabe" e não pelo que faz com o que sabe;
5. Falta de criatividade;
6. Egoísmo e inacessibilidade;
7. Falta de inteligência emocional, refletida pelo descontrole;
8. Ênfase na autoridade da liderança;
9. Falta de humildade intelectual no diálogo com o novo e as novas competências; e,
10. Excesso de ênfase em títulos e no academicismo conceitual, sem a aplicabilidade prática nos negócios.

## Capítulo 7
# INVISTA EM *MARKETING* JURÍDICO

*"Não basta ser bom, é necessário parecer bom. O marketing jurídico é a ciência responsável por embelezar a verdade dos advogados."* **(Bruno Bom)**

Vivemos um período em que as mudanças ocorrem em uma velocidade nunca experimentada na história, fazendo-nos rever valores, posturas, realidade e, sobretudo, como nos posicionamos no mercado de forma relevante e alinhada às transformações.

Refazer roteiros previamente estabelecidos é imperativo para continuar a jornada e enfrentar obstáculos e desafios que surgirem ao longo do caminho.

Quem insistir em manter os protocolos, ignorando o que os novos tempos estão delineando, certamente estará fadado a ser ultrapassado por aqueles que estão efetivamente antenados com as novas diretrizes.

Em nosso meio jurídico, o novo Provimento 205/2021, aprovado pelo Conselho Federal da OAB em julho de 2021 e responsável pela regulação da publicidade na advocacia, espelha bem essa situação, pois responde ao anseio de uma expressiva parcela dos advogados brasileiros no que se refere às várias vertentes inseridas no amplo escopo do *marketing* jurídico.

O provimento foi construído a partir de uma ampla consulta sobre a visão que os profissionais têm a respeito das regras vigentes sobre a publicidade em nossa área.

A análise das respostas obtidas passou pelo crivo do Conselho Federal, no sentido de delinear o que deveria ser revisto daquele contexto preliminar, especialmente enfatizando o uso das redes sociais e tudo o que estivesse direta ou indiretamente relacionado a postagens e mecanismos de busca, inclusive com a revogação do Provimento CFOAB 94/2000.

O texto do novo provimento é composto por 13 artigos e obteve a aprovação do Conselho Pleno em 15 de julho de 2021. Entre as principais reflexões de mudanças, podemos destacar:

1. Maior flexibilização na utilização das redes sociais quanto à divulgação de conteúdos jurídicos e técnicos;
2. Maior segurança jurídica por meio do estabelecimento de conceitos concretos;
3. Proposta de ser e manter-se atual em face da rapidez das mudanças, a partir da criação de um comitê regulador, com abrangência nacional, a fim de pacificar o entendimento dos tribunais locais;
4. Permitir (pacificar o entendimento) o impulsionamento nas redes sociais, excluída a oferta de serviços; e
5. Google Ads (pacificar o entendimento), dentro do mesmo critério do impulsionamento nas redes sociais.

Vários quesitos relevantes ao exercício da nossa atividade, compatíveis com as demandas da sociedade contemporânea, estão inseridos no seu conteúdo e vamos destacar alguns tópicos que refletem a pertinência dessa iniciativa.

O art.1º determina que "é permitido o *marketing* jurídico, desde que exercido de forma compatível com os preceitos éticos e limitações impostas pelo Estatuto da Advocacia, Regulamento Geral, Código de Ética e Disciplina e por este Provimento".

Nada mais coerente do que deixar de criar obstáculos para darmos vazão a todas as ferramentas inseridas no espectro do *marketing* jurídico, respeitando os critérios já instituídos, premissa que entendemos como pilar básico quando se pretende fazer valer uma advocacia alinhada a preceitos que a disciplinam com plena legitimidade.

O art. 2º clarifica o sentido de diversos conceitos que integram o cotidiano advocatício e que merecem uma definição objetiva sobre o que significam de fato, evitando deixar questões que possam gerar dúvidas nesse sentido:

Marketing *jurídico:* especialização do *marketing* destinada aos profissionais da área jurídica, consistente na utilização de estratégias planejadas para alcançar objetivos do exercício da advocacia (inc. I);

Marketing *de conteúdos jurídicos:* estratégia de *marketing* que se utiliza da criação e da divulgação de conteúdos jurídicos, disponibilizados por meio de ferramentas de comunicação, a fim de informar o público e consolidar profissionalmente o advogado ou o escritório de advocacia (inc. II);

*Publicidade:* meio pelo qual se tornam públicas as informações a respeito de pessoas, ideias, serviços ou produtos, utilizando os meios de comunicação disponíveis, desde que não vedados pelo Código de Ética e Disciplina da Advocacia (inc. III);

*Publicidade profissional:* meio utilizado para tornar pública as informações atinentes ao exercício profissional, bem como os dados do perfil da pessoa física ou jurídica inscrita na Ordem dos Advogados do Brasil, utilizando os meios de comunicação disponíveis, desde que não vedados pelo Código de Ética e Disciplina da Advocacia (inc. IV);

*Publicidade de conteúdos jurídicos:* divulgação destinada a levar ao conhecimento do público conteúdos jurídicos (inc. V).

No art. 3º está expresso que a publicidade aplicada no campo advocatício não deve fugir da postura meramente informativa, sem quaisquer estímulos formais que incitem o litígio ou a contratação de serviços, tendo por primazia a discrição, a sobriedade e o caráter informativo da publicidade.

Dessa maneira, uma iniciativa indevida, que tenha por objetivo direto captação de clientes ou mercantilização da atividade, manter-se-á distante.

Esse é um ponto particularmente relevante, pois enfatiza o caráter institucional que deverá prevalecer nas peças publicitárias do nosso segmento, diferindo daquelas que vemos em outras profissões, em que é explícito o desejo por angariar clientes ou criar celeumas no sentido de gerar a necessidade de determinados serviços.

No que diz respeito ao tom dos materiais, quando trata de discrição e sobriedade, supomos que a intenção seja a de reprimir a criação e a divulgação de materiais apelativos e chamativos e que, em vez de meramente atrair a atenção, podem acabar desacreditando a imagem e o resultando, em um efeito diverso do originalmente pretendido.

O art. 4º aborda duas formas de publicidade, ativa e passiva, comumente utilizadas nos esforços de captação de clientela, indicando que ambas poderão ser inseridas nas ações de *marketing* jurídico, com as ressalvas de que não sejam incutidas a mercantilização, a captação de clientes e o emprego excessivo de recursos financeiros. Entende-se como publicidade ativa a divulgação capaz de atingir um número indeterminado de pessoas, mesmo que elas não estejam buscado informações relativas ao anunciante ou aos temas anunciados.

Já o conceito de publicidade passiva se relaciona à postagem orgânica, sem impulsionamento, voltada a sensibilizar unicamente determinado público que tenha buscado informações alinhadas aos temas em questão, além dos que tenham manifestado aceite preliminar para serem impactados com aquela comunicação.

O art. 5º delibera sobre a presença de advogada(o) em vídeos ao vivo (e também gravados) em redes sociais e na internet em geral, incluindo sua participação em debates, palestras virtuais etc., com a ressalva de não divulgar ou relatar casos concretos, tampouco detalhar o resultado de ações obtidas, inclusive pelo escritório, sendo mantida a proibição de responder, de forma regular, as consultas com viés jurídico nas diversas plataformas, conforme determina o Código de Ética da OAB.

O art. 6º estabelece que fica vedada na publicidade ativa qualquer informação relativa a dimensões, qualidades ou estrutura física do escritório, assim como a menção de promessa de resultados ou a utilização de casos concretos para oferta de atuação profissional.

Por fim, o parágrafo único determina: "Fica vedada em qualquer publicidade a ostentação de bens relativos ao exercício ou não da profissão, como o uso de veículos, viagens, hospedagens e bens de consumo (...)".

A liberdade de expressão – que norteia as democracias modernas, assim como a livre manifestação de opiniões, ideias e pensamentos – deve ocorrer sem quaisquer interferências, bloqueios ou censura de governos ou membros da sociedade. Esse princípio, inclusive, faz parte do escopo da Declaração Universal dos Direitos Humanos. Contudo, alguns sentimentos, como a inveja, prevalecem em diversos segmentos da comunidade, e o jurídico não foge a essa regra. Isso acaba interferindo na sua plena manifestação, quando o invejoso transfere para terceiros a sua intenção, fazendo uso de certos dispositivos nocivos para alcançar seus objetivos.

Esse desvio de função acaba sobrepujando as limitações de crescimento, contrapondo-se ao propósito original, que deveria ser o de prestigiar uma coerência exitosa.

O art. 7º expressa que as regras do provimento não excluem a divulgação de quaisquer materiais que, mesmo não relacionados à prática advocatícia, poderão de alguma forma prejudicar a reputação dos que militam nessa área.

O art. 9º trata da composição do Comitê Regulador do *Marketing* Jurídico, vinculado à Diretoria do Conselho Federal, que contará com cinco conselheiros federais, representando cada região do País, um representante do Colégio de Presidentes de Seccionais, um representante indicado pelo Colégio de Presidentes dos Tribunais de Ética e Disciplina, um representante indicado pela Coordenação Nacional de Fiscalização da Atividade Profissional da Advocacia e um representante indicado pelo Colégio de Presidentes das Comissões da Jovem Advocacia.

Esse comitê terá a missão de se reunir, periodicamente, com a finalidade de acompanhar a evolução dos acontecimentos relacionados a *marketing*, publicidade e uso da informação na advocacia, com a prerrogativa de poder propor eventual alteração, supressão ou inclusão que seja pertinente às suas áreas de competência.

Isso posto, ainda é válido destacar o papel de meios de comunicação eletrônica, como o WhatsApp e o Telegram, que, apesar de não serem redes sociais propriamente ditas, também podem ser utilizados para veicular conteúdo publicitário.

Assim, o primeiro aspecto a ser ressaltado, nesse caso, é a necessidade de autorização de contato prévia do usuário, podendo configurar uma invasão de privacidade, nos termos da LGPD, a utilização sem consentimento de informações pessoais, como o número telefônico, com finalidades propagandísticas.

Um segundo ponto que deve ser observado é o disposto no parágrafo único do art. 46 do Código de Ética e Disciplina da OAB: "A telefonia e a internet podem ser utilizadas como veículo de publicidade, inclusive para o envio de mensagens a destinatários certos, desde que estas não impliquem o oferecimento de serviços ou representem forma de captação de clientela".

Portanto, ainda que a comunicação seja autorizada e ocorra dentro de um meio privado, visto que as conversas não são públicas, ainda é necessário se atentar ao caráter meramente informativo e sóbrio, evitando a mercantilização da profissão.

Por último, também deve se ter em mente que é vedado ao advogado responder, com habitualidade, consultas jurídicas informais, feitas por meios eletrônicos (art. 42, inciso I, do Código de Ética e Disciplina da OAB).

> *"A melhor estratégia de marketing jurídico é aquela que não parece marketing."* ***(Bruno Bom)***

Voltando ao título deste capítulo: "Não basta ser bom, é necessário parecer bom", no livro Marketing *Jurídico na Prática*[1], abordamos, entre outros assuntos, que uma marca (*brand*) vai além da mera identificação dos bens/serviços ou da busca por

---

[1] BOM, Bruno. Marketing *Jurídico na Prática*. São Paulo: Revista dos Tribunais, 2021.

criar diferenciais diante da concorrência, o que retomamos a seguir.

Mas, afinal, o que é *marketing*?

De acordo com Armstrong (2007): "*Marketing* é um processo pelo qual as empresas criam valor para os clientes e constroem relacionamentos ao longo do tempo". Em nossa leitura, o conceito do *marketing* aplicado ao segmento jurídico é direcionado ao esclarecimento técnico, à informação ausente de viés comercial e norteado pela construção contínua de relacionamento com *prospects* e clientes. Mas, acima de tudo, a gestão do *marketing* jurídico é a gestão do bom senso!

*Marketing* é otimismo. Buscar oportunidades quando os outros enxergam ameaças e fracassos. Ao atravessar o inferno, nossa única opção é seguir em frente!

*Marketing* é irreverência. Grandes ideias, como o humor, vêm dos limites da mente, do ponto extremo. É por isso que o humor pode quebrar impasses, tanto nos relacionamentos pessoais quanto nos empresarias.

*Marketing* é criatividade. A criatividade é a maior ferramenta para superar uma crise. É a inteligência se divertindo, segundo Einstein.

*Marketing* é emoção! Os seres humanos são movidos pela emoção. A diferença essencial entre a razão e a emoção é que a primeira leva à ação, enquanto a segunda, ao relacionamento... mas também é razão! Porque, por mais bela que seja a ideia, esporadicamente precisa-se analisar os resultados.

*Marketing* é futurismo! Afinal, o futuro não é um lugar para onde estamos indo, mas um momento que estamos construindo.

*Marketing* é obsessão. Em ir além, transformar o trivial em original, o simples em extraordinário.

*Marketing* é arte. O que torna uma obra de arte relevante, geralmente, reside na interseção sinérgica entre a ideia e o que de fato flui das nossas mãos para a tela.

*Marketing* é saber contar histórias. Afinal, compramos boas histórias, não produtos. Acessamos serviços pelo desejo humano de viver experiências. Ninguém é capaz de resistir a uma boa história!

*Marketing* é foco. A essência de uma boa estratégia é também escolher o que não fazer. Focar é saber abdicar!

*Marketing* é coragem. Para uma ideia ser exitosa, alguém, algum dia, teve que tomar uma atitude corajosa.

*Marketing* é resiliência. O insucesso é apenas uma oportunidade de recomeçar com mais inteligência.

*Marketing* é adaptabilidade. Em compreender e adaptar os caminhos à nova e dinâmica realidade digital.

O conceito de marca.

Entendemos a marca como o signo que representa e reverbera uma instituição, uma atividade, um propósito comercial.

Caso fôssemos sintetizar o conceito, diríamos que a marca traduz a forma como se pretende se posicionar no mercado, objetivo ainda mais evidenciado quando se trata da prestação de serviços, algo difícil de se tangibilizar, especialmente pelo fato de, em nosso país, haver a prevalência da cultura sinestésica, na qual lidamos com a necessidade de "sentir" o que está sendo oferecido para que seja despertado o desejo de compra.

Portanto, a marca e outros ativos da comunicação são canais poderosos para sensibilizar os *prospects* da excelência da assessoria jurídica a ser ofertada, atuando depois como ferramenta para fidelização de clientes.

Quando se pretende "parecer bom" – e sendo bom de fato, é claro, pois só parecer não basta – é fundamental entender, valorizar e respeitar a importância do *branding*.

Nesse sentido, temos comprovado que, cada vez mais, os advogados estão evidenciando essa premência e, consequentemente, reposicionando suas marcas, construindo, inclusive, uma identidade visual do escritório alinhada a valores, premissas e objetivos que constituem a sua missão e o seu propósito enquanto pilar gerador de renda e de negócios.

Essa postura está diretamente relacionada à qualidade do seu quadro gestor e de colaboradores, os mais representativos baluartes da empresa perante todo o mercado, como bem sabemos.

A teoria do *Iceberg* no *Branding* ilustra bem a importância de não avaliar uma marca apenas pela aparência ou por seus aspectos perceptíveis.

Numa rápida analogia, observamos que somente será visível uma pequena parte do conjunto do *iceberg*. A retaguarda, o propósito efetivo de uma instituição, história, arquétipo de *branding*, sua missão, valores, cultura e demais componentes do seu conjunto é que se traduzirão de fato na construção da marca. Será isso o que prevalecerá de fato. E tudo isso fica "submerso", não visível num primeiro momento.

> *"Marcas fortes não são apenas resultados de boas criações de logos e identidade visual. Elas possuem estratégia em seu contexto, geram comprometimento e apresentam características que fazem com que os clientes as identifiquem como únicas. São as marcas que diferenciam os escritórios e advogados em um cenário cada vez mais repetitivo e parecido".* **(Bruno Bom)**

Queremos dizer que a percepção dos clientes e de todo mercado é bem apurada, discernindo e filtrando as informações recebidas para não se iludir com meras aparências.

Entender e respeitar esse sentimento intuitivo ajudará bastante nos esforços para a construção de uma marca sólida, embasada em critérios aferíveis e, sobretudo, resistente às intempéries que possam surgir ao longo do caminho.

Especialmente, quando prestar algum serviço em que prevaleça o capital intelectual, sendo, portanto, de difícil mensuração ou tangibilização, a marca mostrará seu real valor e importância enquanto canal gerador de confiabilidade e autoridade, devido a todos componentes presentes na sua constituição – visíveis e submersos.

*Branding* e *marketing* não são a mesma coisa. Ambos são fundamentais ao negócio. Portanto, é necessário compreender e equilibrá-los.

*Branding* pode ser entendido como aquilo que as pessoas falam sobre o seu negócio. Enquanto *marketing* é o que o seu negócio comunica às pessoas.

O *branding* objetiva uma presença PERENE. As ações de *branding* revelam a cultura, o propósito e o posicionamento, gerando vínculo ao longo do tempo.

O *marketing* objetiva uma presença rápida. As ações de *marketing* buscam alcançar um resultado específico em um período determinado.

O *branding* é conceitual.

Ele se concentra na imagem perante a sociedade e está diretamente associado ao valor de mercado da empresa.

O *marketing* é estratégico.

Ele influencia diretamente o faturamento do negócio e seu planejamento está intrinsecamente ligado às metas da organização.

O *branding* é intangível.

Alcança a fidelidade dos clientes por meio da emoção, significados sociais, culturais e simbólicos, que ultrapassam o racionalismo.

O *marketing* é mensurável.

Mediante os dados – de alcance, frequência, continuidade e orçamento – que podem quantificar o esforço e o investimento necessários para atingir as metas em um período definido.

Resumidamente, o *marketing* faz as pessoas nos contratarem. É é a estratégia que eleva os atributos do serviço, favorecendo o engajamento. Gera a desejabilidade.

*Branding* faz as pessoas manterem-se fiéis. É a conexão estabelecida entre cliente e os valores da marca, sua personalidade, propósito e posicionamento. Gera o vínculo, o que denominamos *rapport* ou conexão emocional. De forma irreverente e simplificada, segundo Ren Jones: "O *marketing* é como convidar alguém para um encontro. O *branding* é a razão para elas dizerem sim".

Como pontuado, o posicionamento digital é muito mais complexo do que "ter uma logomarca". Ele engloba uma série de frentes de atuação que deve, sinergicamente, estar alinhada à edificação de uma marca sólida, que transmita segurança e credibilidade, com atuação marcante em veículos de comunicação e em diretórios específicos, que deverá ser alicerçada por um criterioso planejamento para potencializar os efeitos gerados. A ação faz parte do *mix* de esforços cuja missão é posicionar a marca da melhor forma. Nesse intento, outros esforços se farão necessários para que o escritório ocupe lugar de destaque na mente dos *targets* e clientes.

Bill Gates já afirmava: "existem dois tipos de empresas: as que estão na internet e as que não estão na internet". Podemos ir além quando dirigimos a reflexão ao setor jurídico.

> *"Existem dois tipos de advogados: os que estão na internet e os que não estão na internet. Estes últimos, inevitavelmente, seguem rumo à extinção profissional."*
> **(Bruno Bom)**

O *website* é, sem a menor dúvida, uma eloquente extensão da sua estrutura física, devendo, portanto, estar devidamente alinhado ao conceito estabelecido, à identidade visual e aos demais elementos que compõem o seu conjunto, com conteúdo responsivo e atrativa navegabilidade e funcionalidade.

Ou seja, além do aspecto estético, o *site* deve "funcionar" bem em todos os sentidos, inclusive, com acesso fácil aos dispositivos móveis, já que, conforme pesquisa do IBGE,[2] 94,6% dos brasileiros acessam a internet pelo celular.

---

[2] Pesquisa Nacional por Amostra de Domicílios TIC 2018. Disponível em: https://ftp.ibge.gov.br/Trabalho_e_Rendimento/Pesquisa_Nacional_por_Amostra_de_Domicilios_continua/Anual/Acesso_Internet_Televisao_e_Posse_Telefone_Movel_2018/Analise_dos_resultados_TIC_2018.pdf. Acesso em: 5 jul. 2022.

Construir um *site* com todos cuidados necessários, equilibrando adequadamente imagens e textos, fará com que ele desempenhe um papel relevante como difusor do *branding*.

Oferecer um conteúdo crível para ser localizado com facilidade é básico. Outro recurso que recomendamos é o uso do SEO – *Search Engine Optimization* – do Google, que são técnicas disponíveis para obter melhor posicionamento naquele poderoso mecanismo de busca.

O *inbound marketing* é outra possibilidade disponível para aumentar a visibilidade do *site*, com um custo bem inferior ao *marketing* tradicional.

Essas são apenas algumas amostras do que se pode fazer para gerar maior interesse pelo que o *website* estiver apresentando, visto que, tratando-se da internet, haverá sempre um manancial de novas possibilidades a ser explorado.

Para realizar uma análise da sua *performance*, recomendamos o Google Analytics, por meio do qual podem ser quantificadas e comparadas diversas informações – como a quantidade de visitantes e suas preferências – e qual o "caminho" percorrido pelo visitante para chegar ao *site*.

Por outro lado, as redes sociais têm múltiplas funções: desde fonte de informação até influenciar comportamentos e tendências de toda a sociedade.

> "A escolha e o posicionamento nas redes sociais devem ser tratados como o Princípio da Igualdade, previsto na Constituição Federal: dar tratamento isonômico às partes significa tratar igualmente os iguais e desigualmente os desiguais, na exata medida de suas desigualdades; portanto, cada rede social deve ser tratada de forma diferenciada, respeitando-se o nível de aderência ao objetivo firmado e o comportamento específico de consumo da informação em suas particularidades." **(Bruno Bom)**

Algumas reflexões para quaisquer redes sociais:

1. Faça uma análise de quem é você nas redes

Está sendo AUTÊNTICO? Está transmitindo a verdade ou se posiciona dessa forma porque acredita que será mais respeitado pelos seus seguidores?

A audiência não é tola! Não é mais possível criar um "personagem". Seja você mesmo!

2. Obedeça ao comportamento de consumo de informação da rede social

Você deve ser mais leve no Instagram e mais analítico no LinkedIn. Seu posicionamento deve ser coerente com sua personalidade e verdade de comunicação. Se você tem um perfil mais reservado e não dança em uma festa, não faz sentido utilizar o TikTok porque está na moda. *Likes* e métricas de vaidade não devem ser mais importantes do que a sua autenticidade.

3. Escolha as redes aderentes ao seu objetivo

Você não precisa estar em todas as redes sociais, contudo, preocupe-se em alimentar de forma consistente aquela que apresenta aderência ao seu perfil e objetivo de comunicação. A questão é preocupar-se em ser relevante e consistente nas redes sociais aderentes ao seu objetivo e público-alvo.

Facebook, YouTube, Instagram, LinkedIn, ClubHouse e TikTok são exemplos de "exércitos" armados até os dentes para abastecer as pessoas do que elas, de fato, querem saber naquele momento – cada um com suas métricas e características próprias.

O Facebook, com seus 2 bilhões de usuários, é a maior rede social disponível hoje, permitindo que o usuário se conecte com outros perfis e grupos cadastrados, sendo recomendada para escritórios que atuem no modelo B2C (*Business to Consumer*), focados em pessoas físicas por meio do Direito Material, a partir de uma linguagem mais palatável e democrática com a audiência.

Por isso, dispor de uma página no Facebook será uma importante ferramenta estratégica, assim como manter uma *fanpage* com informações atualizadas, a fim de, inclusive, impulsionar *posts* e gerar mais visibilidade ao conteúdo.

O Facebook dispõe de poderosos algoritmos, cuja finalidade é organizar as suas milhares de publicações, não processando as informações de forma estável, mas realizando esse mapeamento considerando o comportamento de cada usuário, suas pesquisas e predileções.

Relatórios são oferecidos pela plataforma com a finalidade de aferir a efetividade das publicações e, assim, otimizar as ações a serem implementadas.

No Estúdio de Criação que o Facebook disponibiliza aos seus usuários, há diversas ferramentas úteis para a execução de inúmeras ações, como publicar, monetizar, gerenciar e medir os resultados de todas as páginas que foram publicadas, tanto nesta rede quanto no Instagram.

O YouTube ocupa o segundo lugar no *ranking* das redes sociais.

Investir nessa plataforma de vídeos de fácil compartilhamento é iniciativa que possibilita potencializar uma marca, facilitada pelo acesso por intermédio dos mecanismos de pesquisa.

Após criar um canal, poderão ser publicados vídeos de forma gratuita, os quais serão mais eficientes se oferecerem conteúdos com informações atrativas, dicas e soluções práticas aos usuários.

O tempo recomendado para cada vídeo depende da sua temática e é mais produtivo apresentar conteúdos que não sejam prolixos, mas que se mostrem eficazes para transmitir o que se pretende de forma clara e atrativa.

Ou seja, podem durar poucos minutos ou algumas horas, o que importa é que sejam eficazes ao que se propõem.

Quando se faz o *upload* de algum vídeo no YouTube, é possível aplicar recursos, como inserir filtros, legendas, anotações e até cartões com *links* direcionáveis.

O YouTube Live é a ferramenta de *streaming* sem limite de tempo, recomendada para o reforço da autoridade relativa a certos temas e para criar proximidade com os usuários, podendo ser operada por meio de *webcam*, celular ou *software* específico.

É possível medir a quantidade de visualizações, gênero e procedência dos visitantes do canal, possibilitando o desenvolvimento de ações estratégicas para potencializar a audiência e a participação no canal.

O Instagram oferece atrativas possibilidades para criação do *branding* e geração de *leads* e clientes, com mais de 1 bilhão de contas ativas – e o Brasil ocupa o 3º lugar em número de usuários, atrás apenas dos EUA e da Índia.

A sua configuração atende às necessidades de escritórios com perfil B2B (*Business to Business*) e B2C (*Business to Consumer*).

Mediante a ferramenta de geolocalização, é possível identificar o endereço de atuação da empresa e, assim, direcionar satisfatoriamente o impulsionamento das publicações para sensibilizar e impactar quem se encontra mais perto fisicamente.

Caso queira que as postagens sejam identificadas mais rapidamente, as *hashtags* (#) serão muito úteis. Para obter destaque no compartilhamento de vídeos e imagens, a dica é utilizar os *stories*, que promovem postagens na própria página de forma rápida e fácil, por um período de 24 horas, para divulgar publicações, eventos, comentários etc.

Criar publicações impulsionadas no Instagram exige alguns cuidados básicos, como definir previamente a forma de anunciar, configurar a conta no gerenciador de negócios, estabelecer o público a ser atingido, se será publicada no Instagram, no Facebook ou em ambas as redes e, ainda, estipular o valor do investimento.

Cuidados técnicos também são recomendados, como escolher o pano de fundo, definir a luminosidade, o enquadramento e a distância de gravação adequados, entre outros.

Para aumentar a quantidade de seguidores, especialmente no segmento jurídico, é indicado abordar conteúdos de qualidade, versáteis e que agreguem valor aos usuários, iniciativas que receberão o *feedback* por meio de curtidas, perguntas e comentários gerais.

Publicações patrocinadas e que contenham filtros de segmentação bem definidos certamente contribuirão para despertar novos seguidores, observando-se sistematicamente se as ações desenvolvidas estão de acordo com as regras determinadas pela sua seccional da OAB, o que vale para quaisquer ações em mídias sociais.

O LinkedIn é a rede social com maior influência na carreira profissional, com mais de 500 milhões de usuários em 200 países, 45 milhões deles estão no Brasil. É indispensável aos escritórios advocatícios que tenham perfil B2B para fomentar, principalmente, o *networking* – com a ressalva de não ser indicado para o primeiro contato de vendas.

Quaisquer ações somente deverão ser postas em prática depois de se ter estabelecido um contato preliminar.

A linguagem mais recomendada é a técnica, mais formal. Um resumo das aptidões pessoais, com atualizações regulares, ajudará a manter relacionamentos duradouros e a participação em grupos de interesse abrirá possibilidades de fomentar novos contatos.

A sua eficácia é especialmente indicada para influenciar carreiras, tendo participação ativa nas contratações de muitas empresas, oferecendo uma audiência muito qualificada aos esforços de prospectar e converter *leads* em clientes ativos.

Dica importante: se observar que um artigo técnico não está gerando as conversões desejadas, poderá adaptá-lo para *e-book* ou apresentação em SlideShare.

O ClubHouse se propõe a ser uma rede social global para conversas – sejam elas casuais, profissionais ou até mesmo aquelas em que você não foi convidado, mas que quer fazer parte, nem que seja como ouvinte.

A ideia da rede é fomentar conversas entre usuários do mundo inteiro e remodelar os formatos de interações e conexões no ambiente digital. Agora, as *lives* podem ser transformadas em salas sem vídeo, apenas com áudio.

O ClubHouse é inovador, porque aproxima e humaniza as relações via conversações de áudio em tempo real e sobre os mais variados assuntos.

Na nova plataforma, as noções de comunidade – sejam elas criadas na rede ou reforçadas pelo *omnichannel*, uma vez que conversas existentes em outras redes podem migrar para o ClubHouse – ditam o comportamento. Além disso, como as salas são divididas a partir dos interesses dos usuários, as conversas são nichadas.

E o que torna a rede única?

Enquanto a maior parte das redes sociais se utiliza de diversos recursos audiovisuais para ganhar espaço, no ClubHouse o áudio é o principal canal de relacionamento.

Como ela funciona?

Cada usuário pode enviar somente dois novos convites, via iMessage, para amigos ou conhecidos. Até o momento, não existe limite de participantes nas salas (participamos de salas com quase 5 mil usuários).

Assim que você entra na rede, preenche seus dados e cria um filtro dos seus interesses. Esse filtro – que pode ser atualizado a qualquer momento – configurará o algoritmo da rede para que você receba, na sua *timeline*, atualizações de salas de áudio com temas compatíveis com o que você selecionou.

A próxima etapa é seguir pessoas de interesse em uma lista predefinida que inclui alguns dos seus amigos que já têm acesso ao ClubHouse. Quando as pessoas trocam *follow*, elas passam a fazer parte do *chat* uma da outra e podem, juntas, criar uma sala de áudio para conversar – seja de modo agendado ou imediato, privado ou público.

A plataforma também possibilita que você faça o *link* do ClubHouse com seu Instagram e Twitter, oferecendo uma oportunidade latente de popularizar as outras redes.

Com o seu perfil, basta navegar pelas atualizações da sua *timeline* e decidir se quer entrar nas salas de áudio ou criar a sua própria. As *rooms* variam muito de acordo com a configuração proposta pelo proprietário da sala. Existem salas em que só alguns usuários são autorizados a falar; em outras, o áudio é aberto para todos os usuários.

Como o ClubHouse pode ser relevante para os advogados?

Aos profissionais da área jurídica, a plataforma de conversas em tempo real pode aproximar advogados e clientes (e potenciais clientes), humanizando ainda mais a imagem institucional. Além disso, a rede tem potencial informativo, permitindo que, em tempo real, os advogados se projetem enquanto especialistas em determinada frente de atuação. Apenas devemos considerar as premissas estabelecidas pelo Código de Ética e Disciplina da OAB (art. 39 da Resolução 02/2015), que determina o caráter educativo da informação, coibindo qualquer viés mercantil e comercial da informação. Outra oportunidade é permitir excelentes *benchmarks* e a abertura para parcerias, *networking* e contato direto com potenciais clientes. Em um momento de digitalização cada vez maior em virtude da pandemia, o ClubHouse pode corroborar o aspecto de proximidade e fluidez nas trocas de informação e geração de valor. A nova rede tem potencial e se mostra como uma plataforma possível para *networking*, palestras, traçar novos formatos de negócios, criar caminhos e transformar a comunicação no setor jurídico.

Entender as demandas e dores dos clientes e fazer-se presente por meio de um contato próximo e personalizado pode impulsionar a comunicação das nossas marcas pessoais (e escritórios) de modo a construir reputação digital e autoridade de forma mais célere e eficaz.

Nas áreas adjacentes ao Direito, atualizações sobre o mercado, tendências e aprofundamento nos temas de empreendedorismo, novos negócios, tecnologia e *marketing* jurídico são movimentos já possíveis para quem está na plataforma.

Uma crítica à ferramenta que difere de outras redes: ainda não é possível entender quais métricas podem ser analisadas para mensurar o sucesso de uma determinada ação. A plataforma também não permite que conteúdos sejam registrados ou denunciados – o que já gerou debates sobre a falta de moderação coercitiva em casos de misoginia, racismo e antissemitismo.

O ClubHouse é uma rede que não se pauta por número de interações, por exposições, por *hashtags*, frases de efeito ou relatos da experiência de uma sustentação oral no fórum. A noção de comunidade é no aqui e agora. Em um contexto comunicativo tão saturado e "*copy & paste*" como o que temos hoje, a tendência é que as pessoas busquem formas diferentes de se sentirem pertencentes: em que possam se expressar de maneira real, verdadeira, sobre assuntos que consideram importantes e em nichos que genuinamente buscam informações.

Bom senso, autenticidade, humanização e propriedade técnica são os ingredientes-chave para os advogados utilizarem o ClubHouse de maneira assertiva, contribuindo na construção de autoridade, reputação digital e conversão de novas oportunidades e clientes.

Existe uma polêmica discussão quanto ao uso do TikTok para os profissionais do Direito. A OAB não proíbe o TikTok, mas devem ser seguidas as diretrizes de publicidade e propaganda estabelecidas no Código de Ética e Disciplina e no Provimento 205/2021. A rede pode ser utilizada, obedecendo-se as premissas informativas estabelecidas pelo CEDOAB.

Embora tenhamos uma postura liberal no que tange ao *marketing* jurídico, inclusive com posicionamento contra o encadeamento de restrições obsoletas da OAB, acreditamos ser incoerente o uso do TikTok, da forma que é feito hoje, pelos advogados.

1º: o público é predominantemente jovem e sem aderência.

Estatísticas indicam que os usuários têm características específicas. Como a maioria dos vídeos tendem ao humor e irreverência, o público é bastante jovem, ou melhor, adolescente. É claro que isso não impede o uso da ferramenta caso a audiência seja mais velha, até porque, com o sucesso que a rede vem fazendo, daqui a pouco mais gerações podem começar a utilizá-la. Porém, se o planejamento é iniciar com ela agora, seria mais interessante focar no público com idade entre 16 e 24 anos (41% dos usuários da rede estão dentro dessa faixa etária).

2º: o advogado deve basear-se nas ferramentas e na versatilidade oferecidas pelas redes, porém, o conteúdo deve reverberar autoridade. Não estamos falando de "caretismo" e conteúdo técnico, mas da gestão da publicidade com bom senso e informação, edificando a credibilidade dos profissionais do Direito.

3º: somos impactados pelo alcance, o sucesso é medido pelo número de visualizações: as métricas de vaidades. Mas quantas destas visualizações são convertidas em prospecções? Será que, realmente, um perfil que é impactado por um advogado numa rede predominantemente *teenager*, com uma linguagem irreverente, sente-se genuinamente seguro para contratá-lo para um serviço jurídico?

Reforço que devemos explorar a potencialidade máxima das redes com criatividade, não apenas com conteúdo jurídico, mas por meio do *lifestyle* e diálogo com outras ciências.

A reflexão é mais profunda. As faculdades de Direito deveriam ensinar comunicação na grade curricular, com o intuito de estimular no jovem advogado o conhecimento e o pensamento crítico da comunicação, de como se posicionar de forma criativa e em quais canais se posicionar para geração de valor.

Segundo Marshall McLuhan (1969), intelectual e filósofo: "o meio é a mensagem, porque também é conteúdo".

Campanhas de *marketing*, em geral, impulsionadas nas redes sociais, podem ser otimizadas aumentando-se os investimentos nelas, inclusive com a liberação pacificada dessa estratégia no novo Provimento da OAB.

Tanto a equipe de *marketing* interna quanto a agência externa podem desenvolver uma estratégia vencedora, levando-se em conta que o segmento jurídico lida com assuntos mais densos e nem sempre aborda temas que despertarão o interesse de quem está à margem desse universo.

**Assessoria de imprensa** é outro recurso de extrema valia para quem busca uma colocação de destaque no imaginário de *leads* e clientes, visto que, ter uma presença marcante, de forma institucional, nos veículos de comunicação (jornal, rádio e TV), terá impacto direto na consolidação de uma imagem positiva.

O que faz uma assessoria de imprensa? Basicamente, gerencia a relação da empresa ou do profissional com os veículos de comunicação, com o objetivo de gerar "mídia espontânea", não remunerada.

Para uma advocacia, conteúdos como teses, jurisprudências, tendências de mercado, artigos e vídeos com temas correlatos são exemplos de materiais passíveis de publicação dessa forma.

As informações passadas aos jornalistas da assessoria de imprensa serão trabalhadas como sugestões de pauta, no sentido de despertar o interesse de editores para entrevistas e publicação de matérias.

Outra área que compete a essa atividade é o monitoramento da mídia em caso de gerenciamento de crise, a fim de combater e relativizar notícias desfavoráveis veiculadas, implementando a melhor estratégia para brecar e reverter quaisquer repercussões negativas.

Entre os principais veículos com conteúdo específico alinhado ao segmento jurídico, podemos citar *Valor Econômico*, *Blog* do Fausto Macedo (*Estadão*), Coluna de Rogério Gentile (*Folha de S. Paulo*), *Migalhas*, *Consultor Jurídico*, *Portal JOTA* etc.

Outro ponto importante são os desejados **rankings jurídicos**.

Devido às restrições do nosso mercado, eles se tornaram uma das principais fontes de reputação para advogados e escritórios. Com um trabalho dedicado há décadas, os *rankings* têm se aprimorado, crescido ano após ano e angariaram popularidade com diversos públicos.

O principal motivo para os escritórios B2B buscarem aparecer nos *rankings* ou melhorar sua posição é a captação de negócios para o seu escritório. Afinal, se uma empresa imparcial e especializada o coloca acima de seus concorrentes diretos, você terá uma clara vantagem competitiva em uma concorrência por um novo cliente.

Em alguns escritórios, a busca pelas melhores posições é tão importante que isso integra parte do sistema de remuneração dos profissionais e impulsiona o crescimento na carreira.

Mas existem diversos outros aspectos que fazem os *rankings* serem essenciais ao setor, por exemplo:

- Positivação e fortalecimento de marca;
- Reconhecimento e endosso comercial;
- Visibilidade midiática;
- Captação e retenção de talentos;
- Possibilidade de ativações de *marketing*;
- Novas parcerias.

**Dicas para ser ranqueado**

Os grandes escritórios acabam aparecendo no topo de muitos *rankings*.

Entretanto, ao analisarmos área por área, facilmente encontraremos excelentes advogados e escritórios menores nas melhores posições.

Em alguns casos, até mesmo advogados com atuação independente já são reconhecidos por seu desempenho.

Isso demonstra que há espaço para todos revelarem seu trabalho e conquistarem seu espaço, especialmente para quem empreende com foco em áreas ou setores específicos.

Afinal, para entrar no *ranking*, basta atender aos critérios solicitados e ser persistente.

Basicamente, é preciso ter atuado em casos relevantes no período indicado pela pesquisa e ser bem avaliado por clientes e colegas da mesma área.

Além disso, deve-se ter persistência, pois os resultados podem demorar algumas edições para surgir.

O esforço vale o investimento. Além dos próprios resultados nos *rankings*, a jornada da submissão traz diversos ganhos laterais, como ter materiais de captação organizados, avaliação periódica dos principais casos, incentivos à participação em organizações, eventos etc. O ideal é compreender os *rankings* como um resultado de tudo o que o mercado produziu durante o ano.

## Critério dos *rankings*

Cada editora conta com seus próprios critérios e regras de avaliação, formas de obter as informações para balizar seus resultados e classificação dos mesmos. As regras e os procedimentos de pesquisa específicos de cada editora são publicados e atualizados nos *sites*, incluindo a definição das áreas de prática, que também têm variações entre cada *ranking*.

Os tipos de pesquisa se dividem basicamente entre dois grupos: processo de submissões e pesquisa de *recall* ou *top of mind*.

## Tripé de submissões

As principais se baseiam no mesmo conjunto de regras:

*Clientes e casos relevantes*

Os critérios avaliados oscilam entre resultados obtidos, complexidade do caso, valor envolvido, repercussão no mercado, representatividade das empresas e outros escritórios envolvidos.

Ao contrário do senso comum, nem sempre o valor é o mais importante. Cada prática tem suas métricas e é preciso entender o que é considerado para não criar submissões fora de foco.

Com as informações preenchidas e os casos em mãos, os pesquisadores comparam o trabalho de todos os escritórios e os classificam, restando validar esse "pré-*ranking*" com outras fontes: clientes e pares.

*Feedback de clientes*

Ponto crucial para entrar no *ranking*, pois o depoimento de um cliente valida um caso do formulário. Uma boa quantidade de respostas positivas é fundamental para entrar ou subir na classificação.

Um bom formulário, com uma baixa taxa de resposta de clientes, pode deixá-lo fora do *ranking*. Por isso, a escolha dos *referees* corretos torna-se estratégica e deve ser bem pensada e planejada.

*Recomendação de pares*

Dificilmente uma pessoa desconhecida ocupará um cargo de destaque. Para chegar às primeiras posições, é preciso contar com o reconhecimento de colegas de outros escritórios.

Você precisa criar sua reputação e ser bem relacionado. Se a sua área de atuação não possui casos públicos, procure participar de organizações, eventos, escrever artigos ou outras atividades que gerem reconhecimento e mostrem o seu posicionamento no mercado. Essa parte da pesquisa ocorre por meio de entrevistas com escritórios. Devido ao alto volume de candidatos aos *rankings*, nem todos os escritórios participam dos colóquios e os entrevistadores fazem rodízio com os entrevistados a cada edição.

Caso você seja convidado para uma dessas entrevistas, não desperdice a oportunidade!

Top of mind

Alguns *rankings* também aplicam a metodologia do *top of mind*, perguntando diretamente aos diretores jurídicos quais são os profissionais de escritórios que eles recomendam.

Há, ainda, os que questionam diretamente os sócios de escritórios a respeito de quem são os profissionais mais admirados.

Em ambas as situações, advogadas e advogados com o maior número de votos são recomendados.

*Classificação dos resultados*

Assim como acontece com a pesquisa, cada editora tem uma forma de classificar os resultados.

Elas são divididas em *bands*, bandas, *tiers* ou categorias, indo dos mais bem pontuados (por exemplo, Banda 1 ou Excelente) até o último, que varia de acordo com o tamanho dos escritórios atuantes na área.

Geralmente, as tabelas são focadas nos escritórios, mas é comum que tenham uma seção separada voltada aos profissionais também. No caso das classificações pessoais, existem algumas categorias especiais voltadas aos profissionais que fizeram história, mas não estão mais tão ativos; líderes muito ativos e destaque acima da média; perfil administrativo e jovem de destaque.

Um caso à parte são os *rankings* individuais, que citam apenas advogadas e advogados de forma geral, sem classificar os escritórios.

Conhecer as peculiaridades de como funciona cada um é fundamental para atingir os melhores resultados.

**Os principais** *rankings*

Houve muita movimentação no setor nos últimos anos, com fundos de investimento comprando algumas ranqueadas, enquanto outras se fundiram. A lista a seguir contém alguns dos principais participantes do mercado, organizados por tipo e áreas:

Rankings *gerais:*

- Chambers Brazil (edição separada desde 2021), Chambers Latin America e Chambers Global
- Leaders League/Leaders League Brazil
- The Legal 500
- Latin Lawyer 250
- Análise Advocacia 500

Rankings *específicos*:

- Áreas transacionais: International Financial Law Review – IFLR 1000
- Chambers FinTech
- Contencioso e arbitragem: GAR – Global Arbitration Review, Benchmark Litigation

- Reestruturação e falências: GRR – Global Restructuring Review
- Concorrencial: GCR – Global Competition Review
- Proteção de dados: GDR – Global Data Review
- Criminal: GIR – Global Investigation Review
- Tributário: ITR – International Tax Review, World Tax, World TP, Chambers HNW (High-Net-Worth)
- Propriedade intelectual: IAM Patent 1000, IP Stars, WTR – World Trademark Review

Rankings *individuais*:

- Who's Who Legal
- LACCA Approved

Todos eles têm seu valor e reconhecimento no mercado. Ademais, os *rankings* confiáveis respeitam a confidencialidade das informações enviadas e os contatos de clientes encaminhados.

Existem outros *rankings* confiáveis, além dos citados na lista apresentada. Mas fique atento: muitos não trabalham de forma idônea.

Sabendo do interesse dos advogados, da relevância dos *rankings* para o setor e do potencial de negócios, novas empresas surgem oferecendo prêmios e divulgação a diversos membros dos escritórios – até mesmo do setor administrativo!

Um ponto a analisar em um *ranking*, antes de decidir enviar o seu material, é conhecer e avaliar o trabalho realizado nos anos anteriores. Os resultados divulgados estão de acordo com a realidade do mercado? Existem muitas distorções, com nomes desconhecidos entre os principais resultados e ainda líderes de mercado ausentes?

Outra regra básica para identificar esse tipo de publicação é: se você tiver que pagar para ser ranqueado ou receber o seu prêmio, é melhor evitar. Esses são os chamados *Pay to Play* ou *Black List*.

Não participe ou perca tempo com eles. Concentre-se nos *rankings* confiáveis e que trarão resultados positivos.

Vale destacar que o Provimento 205/2021 da OAB proibiu a participação dos advogados nos anuários pagos – a deliberação apresenta validade apenas para as pesquisas orgânicas.

Conforme o § 1º do art. 5º do Provimento: "É vedado o pagamento, patrocínio ou efetivação de qualquer outra despesa para viabilizar aparição em anuários, recebimento de premiações, prêmios ou qualquer tipo de evento ou lista que vise destacar ou eleger profissionais como detentores de destaque".

Contar com profissionais que trafegam nessas áreas com desenvoltura e eficiência, auxiliando nessa tarefa, é prerrogativa básica para potencializar resultados positivos e fazer a diferença nesse competitivo mercado, no qual contamos com escritórios e advogados extremamente bem posicionados nos meios de comunicação e com comprovada autoridade em suas áreas.

Todo esse conjunto de iniciativas sugeridas auxiliará, com maestria, na obtenção, inclusive, de ótima colocação em *rankings* jurídicos, espelhando uma posição que denota eficiência, credibilidade e profundo conhecimento da atividade exercida, posto que será conquistada após muitos anos de trabalho e cujo legado perdurará por várias gerações.

Porque, neste mundo, em que a mudanças não cansam de nos surpreender, os operadores do Direito devem priorizar o pensamento, "quebrando" constantemente aquela caixa paradigmática que os impelem a repetir os mesmos pensamentos e ações, substituindo o modelo de negócio obsoleto pelos ares da inovação, gerando um comportamento baseado em processos que reconstruam a realidade e permitam-lhes desbravar o que ainda não foi tocado, o que há para ser conquistado.

É esse somatório que faz o "ser bom" de fato, que gera autoridade, que constitui relacionamentos que não se abalam diante de qualquer tremida de chão, porque há uma estrutura forte alicerçando a caminhada profissional.

A nossa estrutura de apoio influencia diretamente o jeito como pensamos, tomamos decisões, reagimos diante de situações adversas e, seguramente, como o nosso *branding* será percebido no entorno e, obviamente, terá relação direta com o sucesso ou o fracasso de todas nossas as iniciativas.

Fazer prevalecer a ética acima de todas as coisas, além de respeitar as "regras do jogo", é premissa que está cravada na constituição da filosofia de sucesso da advocacia, a exemplo das referências mais representativas que podemos elencar no universo jurídico.

## Capítulo 8
# FAÇA A GESTÃO DA MARCA PESSOAL

*"A construção de imagem na advocacia é temporal, a percepção de reputação, perene."* **(Bruno Bom)**

A construção de uma imagem na advocacia pode levar toda uma vida, enquanto a sua ruptura, poucos segundos.

O que pode denotar certa fragilidade na sua consistência, mas o que de fato ocorre é a exigência de sucessivos esforços proativos para se fazer uma gestão de marca bem-sucedida, o que se contrapõe à visão míope tecnicista preponderante em certas áreas do nosso setor, na qual prevalece que apenas o cumprimento das demandas basta, colocando a imagem pessoal em segundo plano. Os termos imagem e reputação, muitas vezes, são confundidos e usados como sinônimos. Porém, na realidade, são conceitos distintos. Imagem é como somos percebidos em um determinado momento e reputação é como somos percebidos no tempo.

A imagem pode construir-se a partir de pouca informação e num primeiro contato, enquanto a reputação resulta de um processo mais longo de interação e relacionamento, bem como de informações mais consistente.

Uma imagem pode formar-se em minutos, enquanto a reputação demanda anos para ser erigida ou ser conquistada. Ou, pior ainda, ser destruída em instantes.

Segundo Warren Buffet (2014): "São necessários 20 anos para construir uma reputação e cinco minutos para destruí-la".

Um advogado ou escritório alcança o patamar da reputação quando passa a ser conhecido e reconhecido por determinadas características, atitudes e comportamentos consistentes ao longo do tempo. A reputação é o resultado do somatório de imagens ao longo do tempo. Portanto, ela representa a consolidação da imagem.

Um advogado denominado AAA (*Triple A*) vai muito além de atender as prerrogativas básicas de um operador de Direito e, por meio da interdisciplinaridade, busca edificar sua reputação com credibilidade e propósito: esse é o caminho da filosofia de sucesso na advocacia.

Ele se posiciona no mercado, conjugando várias práticas: como *marketing*, oratória, vendas, finanças, visão de negócio e, sobretudo, a sensibilidade para se posicionar como aliado estratégico de seus clientes.

Esse modelo contemporâneo de postura jurídica preencheu integralmente o terreno outrora ocupado por advogados que cultuavam um perfil tradicional e retrógrado, fazendo com que não haja mais espaço profissional àqueles que apenas fazem o combinado e ficam satisfeitos com isso.

Einstein defendia que a vida é como andar de bicicleta, visto que, para se manter o equilíbrio em qualquer iniciativa, é necessário o movimento.

Nesse novo contexto, é necessário conviver com erros e acertos, poderosas fontes de experiências intransferíveis, que permitem a construção do nosso legado, a única referência que sobreviverá ao recorte do tempo e, ao olharmos para trás, mostrar-se-á forte e eternizada.

Tristes aqueles que compuseram seus legados com um calhamaço de mesmices, atos previsíveis e sonhos pífios.

Tristes aqueles que se satisfizeram com o básico, que não buscaram energia dentro de si para romper paradigmas e ir além do que suas vistas alcançavam.

Tristes aqueles que estabeleceram "roteiros de caminhada" desprovidos da vontade de superar seus próprios limites. Estes serão arrastados com seus velhos paradigmas, modelos aristocráticos ultrapassados e percepções que não têm mais ressonância no advogado do futuro – aquele que realmente será relevante e se posicionará como referência para toda a nossa categoria.

Portanto, temos de nos manter alertas para perceber quaisquer sinais que venham do entorno para estabelecer estratégias e refazer planos todas as vezes que a situação assim exigir, nunca deixando o "radar" desligado ou mal posicionado.

O mecanismo de gestão de uma marca compreende dois processos básicos, construir e desconstruir.

Desconstruir ideias e posturas com humildade e reconhecer os erros como degraus de aprendizado – posto que só não erra quem não tentou acertar – trará outros "As" a um advogado que já é "A", ou seja, maior qualificação e uma visão integrada do negócio.

Nesse sentido, lembramo-nos de uma passagem bíblica que diz: "a semeadura é opcional, mas a colheita é obrigatória".

Entendemos que a "semeadura" naquela citação se refere a quem semeia bons relacionamentos, boas leituras, bons propósitos, bons sonhos, bons projetos.

Quem fizer uso desses princípios não terá alternativas a não ser a de colher bons frutos, na forma de bons parceiros, bons colaboradores, bons clientes e bons negócios.

O advogado *Triple A* tem de encantar seu cliente, entregando muito mais do que o acordado.

E, acima de tudo, saber escutar. Isso é bem mais do que simplesmente ouvir, ficando de corpo presente numa reunião ou numa *call*.

Saber escutar é uma arte, exigindo disposição, preparo e efetiva vontade de mergulhar no que se absorve pelos ouvidos, traduzindo suas nuances e não deixando nada passar despercebido naquele momento.

Há alguma "fórmula" para se tornar um advogado AAA?

Acreditamos que cada um sabe o caminho para gerir a sua marca pessoal, no sentido de torná-la admirada, respeitada e reconhecida por quem faz parte do seu universo e pelos *leads* passíveis de serem transformados em clientes.

Algumas recomendações poderão ajudar nesse sentido, por exemplo:

- **Mantenha o foco.** Estabelecer um horizonte e definir o planejamento para chegar no ponto de interesse. Quando isso ocorrer, mirar em um novo foco. E, assim, sucessivamente;
- **Tenha um propósito.** Alimentar seus dias com intenções bem definidas, sedimentadas, factíveis e ter a capacidade de reconhecer quando é preciso corrigir a métrica, evitando a repetição dos mesmos erros. Identifique a sua hiperespecialização e o seu nicho de atuação diferenciado;
- **Seja autêntico.** Todos percebem quando há algo dissimulado, mesmo não expressando isso. Seja o que é de fato e procure se aprimorar continuamente, investindo na sua apresentação pessoal da melhor forma. Lembre-se: sua audiência não é tola;
- **Tenha postura transdisciplinar.** Não se restrinja ao que já sabe, busque novas informações, novos estímulos e desafios;
- **Tenha capacidade de contar histórias.** Faça do *storytelling* uma prática rotineira para transmitir mensagens emocionantes, impactantes e inesquecíveis;
- **Seja consistente em todas as mídias.** Uma presença marcante nos vários canais contribuirá para a construção de uma imagem resistente às intempéries da vida corporativa;
- **Tenha consciência sobre a importância da capacitação.** Quanto melhor for sua expertise, melhor será o produto entregue ao cliente;
- **Mantenha um *networking* ativo.** Relacionamentos bem construídos respaldam uma carreira e abrem portas prósperas;

- **Esteja disposto para superar expectativas.** Entregar mais do que o cliente espera gera confiança, gratifica e fortalece vínculos; e,
- **Invista no seu *personal branding*.** A apresentação pessoal e a boa gestão da marca são fatores fundamentais à percepção de uma imagem sólida e crível pela audiência.

Como podemos observar, são múltiplos os requisitos necessários para um advogado obter a chancela AAA.

Já que não temos uma segunda chance de causar uma primeira boa impressão, apresentar-se compondo um conjunto da melhor maneira será o primeiro passo para gerar impacto positivo e potencializar a imagem.

Afinal, muitas vezes, compramos um livro pela capa, mas só terminamos de lê-lo pela qualidade do conteúdo.

Então, como gerir a marca pessoal da maneira mais eficiente possível?

*"Todos os advogados, querendo ou não, desde a faculdade de Direito são uma marca. Por isso, quanto antes se posicionarem sobre isso, mais cedo surgirão os resultados."* **(Bruno Bom)**

Os conceitos de marca e imagem pessoais muitas vezes se confundem entre si. Como sabemos, a sua marca pessoal ou *personal branding* é a percepção ampliada que os outros têm sobre você, sendo resultado de como se apresenta ao mundo, do que entrega e de como as pessoas reagem a isso. Para usarmos ela a nosso favor, precisamos fazer a gestão de marca pessoal, ou seja, passar por um processo de autoconhecimento, entendendo nossos valores, habilidades, talentos e propósitos, a fim de nos apoderar daquilo que se é.

Você já montou um quebra-cabeças? O que acontece quando perdemos uma peça? O quebra-cabeças fica incompleto. Agora, pense no nosso mundo como um quebra-cabeças gigante, com 8 bilhões de peças. Como no jogo, não existem peças repetidas e cada um de nós tem uma responsabilidade muito grande: contribuir fazendo nossa parte... aquela que ninguém mais pode fazer.

> *"Ninguém é igual a você. Esse é o seu poder."*
> *(Dave Grohl, músico e compositor norte-americano, fundador, vocalista e guitarrista da banda Foo Fighters)*

É essencial que esse trabalho de autoconhecimento, percepção e planejamento seja profundamente baseado num pilar de autenticidade, para que nossa identidade visual esteja alinhada ao nosso conteúdo, não entregando nada a menos, mas também não fazendo promessas que não serão cumpridas. Isto pode gerar uma inconsistência tão grave quanto a de não saber o que transmitimos. Precisamos enviar uma mensagem clara e livre de ruídos tanto quanto possível.

A imagem está mais alinhada aos conceitos de *marketing* pessoal do que apenas aos de marca. Sendo o *marketing* a forma de criar conexões, fortalecer e alinhar competências, enquanto a imagem, a ferramenta que permite dar visibilidade a tais competências, sendo ela própria mais uma competência em si – a estética. Marca, *marketing* e imagem são três conceitos diferentes e complementares, que potencializam um ao outro.

Do mesmo modo que com a marca, cuidar da imagem pessoal é um processo contínuo, para a vida toda, mesmo porque cada vez que algo em nós muda, nossa imagem deve refletir aquela mudança. Marca pessoal, imagem, reputação... nada disso é fixo ou eterno.

Sua imagem pessoal é apenas uma fração, uma das etapas dentro de um estudo abrangente de marca pessoal, mas **é ela que materializará componentes intangíveis de quem você é.**

Muitos estudiosos, acadêmicos e profissionais altamente qualificados tecnicamente consideram o cuidado com a imagem algo de menor importância, desnecessário e, por vezes, até mesmo fútil. Atribuímos isso à falta de conhecimento que persiste até os dias atuais sobre a diferença entre imagem e moda. Não que a moda seja algo irrelevante, muito pelo contrário – a moda é um tipo de linguagem e por intermédio de seus elementos podemos entender épocas da história, além de toda a importância dessa indústria para um país como o nosso. No entanto, para esses profissionais, é como se, render-se a isso, pudesse diminuir alguém, quando, na verdade, a falta de atenção com a sua própria imagem, no mínimo, fará com que ele renuncie a uma ferramenta única, chegando ao ponto de, até mesmo, sabotar a sua marca pessoal e seus esforços. Quanto mais alto estamos ou pretendemos chegar em nossa ascensão profissional, mais nossa imagem deve refletir isso. Não se deixe enganar por Steve Jobs e Mark Zuckerberg. O estilo minimalista de ambos foi muito bem pensado e, de qualquer forma, até se tornarem ícones, suas formas de apresentação eram muito diferente das que os representaram posteriormente.

> *"A moda é uma linguagem de signos, símbolos e iconografia que comunica não verbalmente significados sobre indivíduos ou grupos."* **(Pauline Thomas)**

Uma imagem estrategicamente alinhada pode aproximá-lo de seus objetivos e reduzir seu esforço de venda. Nosso papel primordial nesse processo é fornecer os elementos que melhor traduzam a percepção que queremos causar e permitir que o nosso observador tire suas próprias conclusões. Pessoas gostam de pensar que deduziram sozinhas em vez de simplesmente obedecerem a comandos verbais. Pedir para alguém confiar em você pode ser um tiro no pé. Conduzir essa pessoa para que se sinta segura o suficiente para lhe dar um voto de confiança é muito mais eficaz e, ainda, propicia que o seu interlocutor se sinta também em uma posição de escolha e poder.

### A comunicação não verbal na marca pessoal

Grande parte das mensagens que enviamos é feita por meio da comunicação não verbal. Os elementos da comunicação não verbal que podem afetar a percepção que os outros têm de você são:

- autoapresentação (aparência, vestimenta e cuidados pessoais/higiene/odores);

- objetos pessoais (celular, carro, bolsa, caneta, entre outros);
- expressões faciais (sorriso, olhar e reações involuntárias decorrentes de nossas emoções básicas);
- linguagem corporal (movimentos e gestos, postura, modo de caminhar, uso do toque, uso do espaço);
- modo de falar (tom de voz, ritmo, uso do tempo).

Não se trata de forma alguma de um processo puramente estético. E, ainda que o fosse, já seria de extrema valia. Cuidar da aparência traz enormes benefícios, como a elevação de autoestima, confiança e segurança, o que já se traduz em um melhor desempenho em suas atividades e melhores relacionamentos.

Nossa aparência possui três componentes, que nada mais são do que os elementos por meio dos quais nos apresentamos. São eles: tipo físico, cores e estilo. Cada um desses elementos envia informações fundamentais sobre nós mesmos.

Uma das formas que utilizamos para interpretar o tipo físico e o rosto é o conceito de *yin* e *yang*. Para os chineses, *yin* é sinônimo de suavidade e *yang* representa força. Esse conceito foi adaptado pela primeira vez por Belle Northrup (1936), num trabalho intitulado "An Approach to the problem of Costume and Personality". Assim, todas as nossas características físicas e traços faciais (estatura, ossatura, tipo físico, formato de rosto, de olhos, sobrancelha, nariz, boca) já transmitem mensagens de acordo com formas mais ou menos arredondadas, menores ou maiores, mais altas ou baixas, retas ou curvas. E tudo isso segue com relação a nossos cabelos, olhar, expressão, postura e forma de caminhar. Passos largos, curtos, postura altiva ou mais relaxada, um olhar direto ou "olhos de Capitu...", não há em nós uma única característica que não carregue em si um significado. Poderíamos pensar que traços físicos, inatos, não poderiam ser adaptados. Algumas características realmente são mais difíceis de se trabalhar, mas, seguramente, podemos harmonizar várias delas. De visagistas a dermatologistas, que efetivamente fazem intervenções, passando pelos consultores de imagem – com suas técnicas de equilíbrio estético –, fonoaudiólogos e executivos de *marketing*. Há toda uma indústria de profissionais prontos a nos ensinar a fazer o melhor uso de nossos atributos físicos. Você, talvez, nunca tenha se dado conta disso.

O estilo é a parte subjetiva de todo o processo e está sujeito a mudanças cada vez que nossa situação de vida ou nossos desejos mudam. Veja a definição de estilo das autoras Carrie McCarthy e Danielle Laporte:

"O que é estilo? É tudo. Estilo de escrever. Estilo de falar. Estilo de liderança. Moda. Arte. Arquitetura. Destreza física. Estilo é o modo como você diz algo, o modo como você faz algo, a maneira como você vive. Algumas vezes, está na aparência, outras vezes, na atitude. Estilo é iluminação da vida. Ele acentua, retrata e dissimula. E, *o melhor de tudo, o estilo reflete a alma." (Carrie McCarthy e Danielle Laporte)*

Imagem é uma competência tanto quanto qualquer outra e um profissional, verdadeiramente completo, deve considerar isso. Fazer bom uso dos elementos da imagem não diz respeito apenas à forma de se apresentar, mas também de entender e estar em conformidade com códigos de adequação que demonstram conhecimento e respeito.

### Colocando esforços a perder

Há casos em que não sabemos o que estamos fazendo de errado em nossa estratégia – anos de estudo, leitura, pesquisa, clientes, experiência –, nada parece nos levar ao próximo degrau. Não somos capazes de mensurar tudo o que perdemos, pois, simplesmente, algumas oportunidades nem chegam até nós! E tudo isso pode se resumir a uma falha de posicionamento. O componente tangível, visível de nossos esforços, que são a nossa imagem e postura, pode estar comprometido ou simplesmente sendo ignorado.

Muitas vezes, simplesmente não importará todo o seu conhecimento se você não se apresentar à altura. Falta de boa postura, segurança no olhar, gestual e na própria voz são imprescindíveis na formação de nossa autoridade. Antes de pensar em cuidar de sua imagem para cumprir mais um requisito profissional, entenda que isso não deve ser para agradar o outro, mas para aumentar a confiança em sua forma de se posicionar, seja para conversar com o seu vizinho, um colega de trabalho ou cliente, até um vendedor.

Sua imagem comunica, quer você acredite ou queira, quer não! Então, o que você vai fazer com relação a isso?

> *"Você é livre para fazer suas escolhas, mas é prisioneiro das consequências."* **(Pablo Neruda)**

Em muitos casos, a continuidade de um relacionamento depende da primeira impressão. Quando uma pessoa nos vê pela primeira vez, inconscientemente avalia nossa personalidade, ocupação, classe social, credibilidade, escolaridade, confiabilidade, sucesso, situação financeira, sofisticação, competência e humor. Tudo isso acontece de forma extremamente rápida. Anos de dedicação na construção, e alguns segundos podem colocar nossos esforços a perder.

Estamos a todo tempo enviando informações fundamentais sobre nós mesmos a todos. Assim como sua marca pessoal, sua imagem simplesmente é. Ela já existe, já comunica, quer você aceite isso como um fato ou não. Enquanto não se apodera disso, sua imagem fica por aí, livremente, transmitindo informações sobre você que muitas vezes preferiria que não fossem transmitidas se pudesse escolher. Isso é o que chamamos de nível da narrativa. A partir do momento em que você decide tratar a imagem como ferramenta de comunicação, começa a emitir mensagens de maneira intencional e adequada aos seus objetivos mais autênticos.

O indivíduo que trata da sua marca pessoal sem cuidar da sua imagem está renunciando a uma ferramenta importantíssima. Não existe neutralidade quando falamos de imagem. A "não escolha" ou "não ação" transmite sinais tanto quanto o ato em si.

Somos um dos principais pontos de contato de qualquer empresa (especialmente a "Eu S.A." – para quem trabalha por conta) e, a cada interação com um cliente, ainda que potencial, podemos elevar ou sabotar nossa própria reputação e a reputação da empresa que representamos. Dessa forma, é primordial que a imagem de um colaborador esteja alinhada à imagem da empresa que ele representa. Ao se tornar um colaborador, você se torna um espelho de tudo o que a organização quer comunicar ao mercado, incluindo seus valores.

Corporações também querem colaboradores com marcas pessoais fortes e adequadas. Dentro da nova realidade de humanização das empresas, uma tendência crescente é a de se trabalhar a marca de executivos-chave, que seriam a personificação da empresa diante de seu público. A publicidade já faz isso há anos, buscando garotas-propaganda que melhor representem seus produtos.

Você já deve ter organizado um evento ou uma festa. Lembra-se de que pensou em todos os detalhes? Fez o melhor que podia, contou com a ajuda de serviços especializados para que tudo saísse da melhor forma possível, comida, decoração... Por acaso você se esqueceu de contar para as pessoas que ia acontecer a festa? O fato de divulgar essa festa, convidar pessoas, desejar que elas comparecessem não parecia algo natural? Mais do que isso, essencial ao sucesso da festa? Pois é, mas, cada vez que você investe em suas habilidades e qualidades e não as divulga aos outros, é como se fizesse uma festa sem convites e convidados.

O uso da imagem serve não apenas para reforçar, mas demonstrar suas competências! Ela é um dos meios mais eficazes de revelar aos outros quem você é.

Boa parte dos valores creditados a nós é composta de características não físicas, e, portanto, não observáveis num primeiro momento. Traduzir isso em elementos visuais ajuda a alinhar forma e conteúdo, trazendo as percepções a um nível mais concreto.

### E agora, por onde começo?

Em primeiro lugar, pense na sua imagem como algo consistente. Todos temos papéis diferentes, vivenciamos situações diversas em nossas vidas, frequentamos lugares distintos, ainda que, muitas vezes, aquilo não faça parte de nosso dia a dia. Claramente, não precisamos nos apresentar da mesma forma o tempo todo, mas é preciso haver um fio condutor.

Outra consideração importante é a de que o ponto de partida é o profissional em si. Isso é o que vai garantir que tudo que seja trabalhado seja intrínseco àquela pessoa. Qualquer vestígio de manipulação pode ser detectado, não importa o quão perfeita e bela a imagem pareça ser. Nada que não é real ou verdadeiro se sustenta durante muito tempo.

Tendo concluído as qualidades que o definem e quais habilidades você possui que gostaria de deixar visíveis, vamos aos próximos passos – traduzir nossas palavras-chave e objetivos em elementos visuais.

Pense em Michelle Obama. Quais palavras você usaria para descrevê-la? E quais elementos estéticos ela utiliza para transmitir isso? Consegue reconhecer ou identificar algo? Como são as suas aparições? Ela mudou algo em sua aparência? O exercício contrário também é válido e enriquecedor. Busque várias fotos dela e compare ao olhar para sua imagem, o que você sente?

Michelle Obama, assim como outras profissionais que podemos acompanhar, mudou seu cabelo, passando a usá-lo de forma natural depois que deixou de ser a primeira-dama dos Estados Unidos da América. Os motivos podem ser vários – praticidade (estando natural, não há a necessidade das idas ao salão para escovar, mas, por outro lado, o cabelo escovado é mais rápido de arrumar pela manhã ou em viagens) ou mensagens de autenticidade que ela queira transmitir agora. De qualquer maneira, sentimos, no geral, uma proximidade maior com o seu cabelo usado de forma natural e cacheado.

Fátima Bernardes e Patrícia Poeta são duas jornalistas brasileiras que mudaram as suas imagens para adaptá-las a novos momentos profissionais. As duas saíram da apresentação de um jornal extremamente formal para programas de TV mais casuais. O corte e o comprimento de cabelo, o penteado, a maquiagem, as cores e formas das roupas, as peças-chave, o tom de voz, tudo foi adaptado de acordo com o novo horário, público-alvo e conteúdo.

## A teoria dos arquétipos

Arquétipos são modelos que representam um conjunto de crenças, características e energia.

O psiquiatra Carl Jung identificou estruturas semelhantes em relação a algumas imagens, por exemplo, a figura materna, que é vista como amorosa e cuidadosa; pessoas mais velhas, que são consideradas sábias; o leão, que nos traz uma percepção forte e destemida. Tudo isso independe das vivências de cada indivíduo, sendo comum à maior parte das pessoas.

Usamos arquétipos em nossa linguagem usual. Dizer que alguém tem uma visão de águia é algo positivo, mas comparar uma pessoa a uma cobra traz uma imagem traiçoeira.

Muitos personagens da literatura e de filmes podem ser interpretados tomando como base os arquétipos. Grandes marcas se utilizam dessa linguagem há anos. Assim, compreender os 12 arquétipos também pode ser uma maneira de dar visibilidade a nossos atributos. São eles:

1. Inocente
2. Sábio
3. Herói
4. Rebelde
5. Explorador
6. Mago
7. Pessoa comum
8. Amante
9. Bobo
10. Cuidador
11. Criador
12. Governante

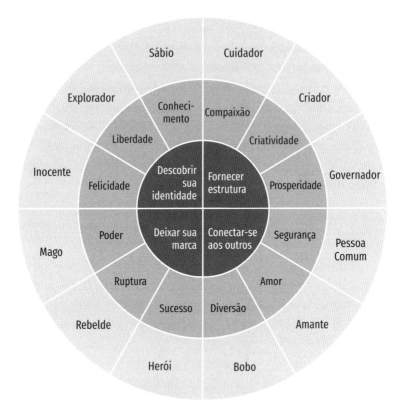

*Fonte:* https://valeskabruzzi.com/captura-12arq/. Acesso em: 6 jul. 2022.

O livro *O herói e o fora da lei*, de Margaret Mark e Carol S. Pearson (2003), analisa a aplicação dos arquétipos no *marketing* e demonstra como grandes marcas fazem uso dessa simbologia. Tudo isso pode ser transposto para a imagem pessoal, bastando entender os tipos de cada um dos arquétipos e cruzá-los com as características de nossa marca pessoal.

É possível enxergar uma correlação, a nosso ver, com a teoria do estilo universal, uma das ferramentas mais utilizadas nos atendimentos de consultoria de imagem individual.

**Teoria do estilo universal**

A teoria do estilo universal para mulheres e homens foi desenvolvida por Alyce Parsons e Diane Parente na década de 1990. Para elas, estilo sempre foi muito mais que roupa. É comum atribuir à Alyce o pensamento de que o estilo é um modo de expressão característico de um indivíduo. Após anos de uma pesquisa, cujo resultado trouxe um compilado de características e padrões que refletiam os interesses de consumo dos indivíduos, surgiram os sete estilos universais, que possuem este nome porque definem a totalidade de uma pessoa.

*Fonte:* https://imageinstitute.com/image-career-development/programs/universal-style/. Acesso em: 6 jul. 2022.

Estilo é escolha, por isso diz tanto sobre nós mesmos. Somos uma soma de nossas preferências e não definidos por apenas um dos estilos, mas sim por uma mistura de **ao menos** três estilos principais. Nosso estilo primordial diz respeito a nossas prioridades e estas podem ser explicadas pelos seguintes conceitos:

- conforto, essência e praticidade (estilo esportivo);
- adequação e autoridade (estilos tradicional e refinado);
- afeto e sedução (estilos romântico e sensual);
- impacto e diferenciação (estilos dramático e criativo).

Mesmo que um estilo não seja intrínseco, quer dizer, não esteja dentro de nossas prioridades, podemos, por vezes, utilizar seus elementos para transmitir mensagens de acordo com a nossa intenção naquele momento ou papel. Desde que isso não se torne uma regra, podemos transitar entre universos visuais que não sejam originalmente os nossos, de maneira que a nossa mensagem seja mais facilmente compreendida ou para nos adequarmos a determinadas situações.

**Elementos visuais**

Qualquer que seja a escolha para demonstrar na prática sua forma de comunicação, você vai precisar de elementos visuais. As roupas são utilizadas para influenciar percepções de personalidade, intenção e objetivos. Fazer uso desses elementos visuais para tornar concretas coisas que estão subjetivas é uma ferramenta fundamental para a completude de sua marca pessoal. São eles:

1. Cores
2. Linhas e formas
3. Texturas e materiais
4. Estampas
5. Silhuetas
6. Peças-chave do guarda-roupa
7. Acessórios
8. Beleza

*Cores*

A cor é o principal elemento de *design* numa roupa, ou seja, é o que mais chama a nossa atenção. Analisamos a cor sob duas óticas. A primeira, é por meio da valorização da imagem de quem usa (estudo de análise de coloração pessoal). Porém, num processo de marca pessoal, da mesma forma que na publicidade, recorremos ao uso da cor muito mais pelas mensagens que ela transmite e sensações que causa. Um dos livros mais utilizados é *A psicologia das cores*, de Eva Heller (2021), excelente referência para *designers*, profissionais das artes ou qualquer pessoa que queira conhecer a história e a psicologia das cores para aplicar em seus trabalhos.

Algumas dicas gerais sobre o uso das cores:

- quanto mais cores numa produção, mais informal ela é;
- quanto menos cores, mais formal;
- cores "coloridas" são tidas como mais expansivas, descontraídas, informais;
- cores neutras (como branco, preto, bege, marrom, azul-marinho) são consideradas mais discretas, elegantes e formais;
- uma produção com pouco ou médio contraste entre as cores (o uso das chamadas cores análogas) demonstra mais proximidade, abertura e leveza;
- muito contraste numa produção (o uso de branco e preto juntos ou de cores complementares no geral) pode ser percebido como distanciamento, rigidez, sobriedade, formalidade e assertividade;
- o tão explorado monocromático, ou ainda o "tom sobre tom", passa uma mensagem de neutralidade e elegância. Porém, produções monocromáticas em cores mais vivas transmitem ousadia e diferenciação;
- peças lisas aparentam mais formalidade do que as peças estampadas. A combinação de estampas não só demonstra, geralmente, mais informalidade como também criatividade.

### Linhas e formas

Outros importantes elementos de *design*.

A orientação das linhas (vertical, horizontal ou diagonal) e as diferentes formas (arredondadas, quadradas, dentre outras) presentes nas roupas, acessórios e em outros detalhes podem remeter a características psicológicas como: mais força ou mais fragilidade, flexibilidade ou rigidez, e assim por diante.

Linhas redondas e curvas são tidas como mais suaves.

Linhas retas e quadradas demonstram mais a característica de força.

### Texturas e materiais

Tecidos mais duros, firmes e pesados remetem a força, rigidez e menos flexibilidade. Tecidos fluidos, leves, transparentes transmitem mais suavidade, doçura, feminilidade e gentileza.

Tecidos brilhantes chamam mais a atenção não só na área em que são usados, mas também por quem os usa. Tecidos opacos passam a percepção de mais contidos, sérios e formais.

### Acessórios

Nos acessórios, consideramos o tamanho, o formato e o material.

Metalizados (prata, ouro, cobre) e pérolas, normalmente, acrescentam sofisticação e elegância.

Acessórios com formas menos orgânicas e materiais alternativos, tais como madeira e acrílico, podem transmitir ousadia, inovação e criatividade.

Frequentemente, elementos visuais, como peças-chave, acessórios, estilo ou cor de cabelo, tornam-se marcas registradas. Anna Wintour, conhecida editora-chefe de revista, usa o mesmo corte de cabelo há décadas. Outro exemplo é Margaret Thatcher. O filme *A Dama de Ferro* mostra os bastidores da candidatura de Thatcher (interpretada por Meryl Streep) ao cargo de primeira-ministra.

"As pérolas são inegociáveis", teria dito Margaret Thatcher sobre a recomendação de seus assessores de que ela não deveria usá-las em seu processo de candidatura. Tanto as pérolas quanto o *"bow-tie"*, que são as camisas femininas com laço frontal, tornaram-se marcas de seu vestuário.

*Beleza e cuidados pessoais*

A parte estética (cuidados com pele e cabelo) não pode ser ignorada. Costumamos dizer que um de nossos maiores investimentos deveria ser um bom corte de cabelo, pois ele é o acessório que carregamos todo dia.

Há pesquisas e estudos sobre o uso de maquiagem para mulheres e barba para os homens que trazem diferentes percepções de profissionalismo, transparência e capacitação. Há pessoas que usam óculos para leitura como um acessório, mesmo com lentes sem grau.

**Considerações finais**

A comunicação não verbal foi a nossa forma primordial de comunicação, tendo sido estudada até mesmo por Charles Darwin. E ainda é um tema longe de ter sido 100% explorado. A consultoria de imagem foi declarada pelo *Times* como uma das profissões do futuro, justamente pela importância e pela demanda crescente pela busca da autoexpressão e estratégias de diferenciação.

Não economize esforços ou recursos justamente quando estiver a um passo de se diferenciar. Numa era de profissionais comoditizados, já não basta ser diferente – é preciso parecer diferente. Uma embalagem nunca será mais importante do que o seu conteúdo, porém, nada que já esteja bom deixaria de ficar melhor ainda com uma imagem estrategicamente cuidada.

> *"Cada um de nós brilha com uma luz diferente, mas isso não torna a nossa luz menos brilhante."* **(Anônimo)**

*Capítulo 9*

# CONQUISTE A CONFIANÇA DO SEU CLIENTE

*"O cliente não quer saber se você tem apenas o melhor conhecimento jurídico, mas sim se pode confiar em você."*
**(Bruno Bom)**

Ninguém vive sozinho, e nosso instinto faz com que nos aproximemos de pessoas afins, com as quais identificamos afinidades, confiança e a possibilidade de troca de informações que contribuam ao nosso crescimento nas diversas áreas, pessoal, social, espiritual e profissional. Segundo John Donne (2012): "Nenhum homem é uma ilha, sendo cada indivíduo um pedaço do continente, uma parte do todo".

Essa simbiose tem suas regras e seus "custos", pois demanda esforços internos para estabelecer os vínculos e assegurar que possam cumprir sua função da melhor forma.

Muitas vezes, essas exigências serão complexas e até doloridas, já que cobrarão empenhos, desprendimentos e até mudanças de paradigmas para estarmos alinhados ao padrão do entorno escolhido, processo que poderá desestimular a busca por pessoas diferenciadas para compor o nosso ciclo de referência, levando-nos a utilizar para esse fim outro critério com o objetivo de elencar quem fará parte desse universo.

Assim, teremos ao redor quem não agregará muito valor, mas que, por outro lado, não nos obrigará a fazer valer posturas mais complexas e que ameacem os nossos limites e as nossas possibilidades de crescimento.

Em algumas circunstâncias, é necessário, inclusive, cortar o vínculo com alguns clientes, ou melhor, demiti-los.

Esse procedimento é recomendado quando o vínculo se mostra insustentável, de modo que tudo o que for feito ficará abaixo da expectativa, criando um círculo vicioso de insatisfações e infindáveis reclamações de todo tipo: do trabalho entregue ao preço cobrado.

Quando um quadro assim se instalar e estiver claro que não há forma de revertê-lo, não restará outra alternativa a não ser sumariamente DEMITI-LO, antes que esgote toda a paz e, sobretudo, minimize a sua capacidade de se disponibilizar a outros clientes, que o respeitam e valorizam o seu trabalho, o seu melhor serviço jurídico. Estes, bem diferentes do anterior, não economizarão elogios e certamente o indicarão prazerosamente a outros clientes. Serão estímulos positivos, que farão valer a pena todos os esforços aplicados.

**Princípio de Pareto**

É importante destacarmos nesse contexto o Princípio de Pareto. Também conhecido como Princípio 80/20. Ele foi criado em 1897, por Vilfredo Pareto, que concluiu que 80% da riqueza mundial se concentrava em 20% da população. Mais tarde, foi observado que essa relação de concentração acontece em diversos outros ramos da ciência, como em concentrações demográficas, por exemplo.

O princípio, que afirma que 80% dos problemas são provenientes de 20% das causas, foi introduzido nas ciências organizacionais por Joseph M. Juran, em 1941.

Juran propôs que, em uma organização, 80% dos problemas podem estar ligados a apenas 20% das causadoras desses problemas. Isso quer dizer que, focando esses 1/5 das causas potenciais, 80% de todos os problemas tenderiam a ser resolvidos.

É natural que essa relação não seja perfeitamente exata (70/30 ou 60/40), no entanto, gera a percepção de concentração e permite priorizar soluções para grandes problemas, atacando um menor percentual das causas.

Segundo a regra, pode-se afirmar que 80% do faturamento de um escritório vem de 20% de clientes específicos ou 80% do seu faturamento é proveniente de 20% de determinados serviços.

Qual a aplicabilidade prática do Princípio de Pareto para o meu escritório?

Conseguir avaliar dentro do seu escritório quais os 20% de esforços que representarão 80% de melhorias que podem trazer muitos benefícios para a retenção de clientes, aumento de conversão e, principalmente, a elevação da lucratividade.

Seguem algumas orientações a fim de ajudar na reflexão e na aplicação do princípio:

## 1. Tenha um objetivo definido

É fundamental que, antes de fazer a aplicação da regra de Pareto, você tenha um objetivo dentro do escritório. Essa meta pode ser o aumento da taxa de manutenção dos clientes, redução do número de equipes para um tipo de processo, a venda de serviços mais rentáveis, entre outros.

Para que isso fique claro, é fundamental ter um bom conhecimento sobre o escritório e seus processos. Somente dessa forma será possível descobrir oportunidades nas quais a aplicação desse princípio pode ser interessante.

## 2. Faça um levantamento dos dados

Também é essencial fazer um levantamento dos dados a respeito do que vai ser estudado, uma análise sobre as vendas, efetuar um estudo sobre as transações realizadas em um determinado período. Recomenda-se que esse prazo não seja muito curto, para reduzir a possibilidade de dados distorcidos.

O primeiro passo é compreender a realidade do seu escritório, aplicando estes três indicadores essenciais: **clientes × faturamento × serviços**. Feita essa análise, é importante estabelecer uma categorização de clientes e traçar uma tratativa de ações personalizadas de relacionamento, com base no perfil de cada um deles. Identificar os consumidores que geram maior receita, os clientes que geram receita intermediária e aqueles que geram menor receita. Outro índice relevante de identificação é o da quantidade de horas de trabalho para cada cliente, somado ao "estresse emocional" que cada um deles exige do escritório.

A mesma mecânica se aplica aos serviços, sendo importante estabelecer quais deles geram para o escritório maior receita, com um menor investimento de tempo e desgaste emocional.

O levantamento das informações referentes aos serviços mais rentáveis em comparação ao total de serviços oferecidos pode ser feito utilizando-se uma planilha no Microsoft Excel.

### 3. Categorize as áreas de atuação

Separar os serviços (áreas de atuação) — ou problemas, se for o caso — por categorias pode ajudar a obter uma análise mais profunda, pela qual você poderá descobrir que 20% de um segmento de atuação representa 80% do faturamento do escritório.

O mesmo pode ocorrer com as reclamações: 20% de uma determinada modalidade de reclamações corresponde a 80% do total.

Descubra qual é o perfil dos 20% que correspondem aos 80%.

Tendo em mãos os serviços mais rentáveis — ou as reclamações mais frequentes —, você consegue observar qual é a frequência com que cada um dos episódios ocorre e, a partir disso, medir o impacto que cada um representa no seu escritório.

Tendo essas informações, é possível descobrir qual é o **perfil de cliente** que **contrata determinado serviço** e que **representa maior rentabilidade** ao escritório. Ao descobrir o perfil dos clientes que correspondem a 80% do seu faturamento ou das suas reclamações (entenda como maior investimento de trabalho, equipe e custo emocional), propicia-se o desenvolvimento de ações personalizadas e mais efetivas para melhorar os resultados do escritório. Por exemplo, estratégias de manutenção/blindagem com clientes rentáveis e reavaliações ou ajustes no contrato (até mesmo demissões em alguns casos) face a clientes menos rentáveis e mais problemáticos para o seu negócio.

Livrar-se de pessoas que só perturbam, atrapalham e não nos permitem desempenhar o nosso papel com a fluência habitual é determinante ao propósito de servir bem, com dignidade e reconhecimento.

Isso vale para clientes, amigos, familiares, parceiros, colaboradores, enfim, todos, sem distinção.

A palavra de ordem para o advogado de sucesso é uma só: confiança, a qual é originária do latim *confidere*, que significa acreditar plenamente, com firmeza. *Fidere* deriva de *fides*, fé.

Entendemos, portanto, que ser confiável está diretamente associado à fé, a seguir com fé, convicto dos seus valores e propósitos.

Esse processo se faz mediante a prática da inquietude, da busca pelo "algo a mais". Tendo como fruto um círculo virtuoso de prosperidade.

Uma postura resiliente expressa a vigência de uma fé inabalável, pressuposto para viabilizar uma carreira vitoriosa, no sentido de ter o respaldo de valores devidamente instaurados e cada vez mais fortalecidos.

Uma postura que denota confiança tem no seu núcleo uma série de atributos que vão além da mera busca por retorno financeiro, configurando-se na intenção efetiva de expressar autoridade, estabelecendo vínculos dotados de respeito e satisfação mútuos em todas as esferas do relacionamento.

Os ganhos virão como consequência natural e no momento certo, notabilizando aquilo que se fez por merecer com toda a propriedade.

Cada um faz suas escolhas na vida e colherá os frutos decorrentes delas. Não há outra forma de seguirmos adiante. Nós somos diretamente moldados e influenciados pelo meio em que estamos inseridos.

As pessoas que estão em nosso ambiente terão o maior impacto na construção dos roteiros estabelecidos, inclusive interferindo diretamente na concretização dos sonhos e se iremos ou não atingir as metas delineadas.

Reid Hoffman (2012) afirmava que "a maneira mais rápida de mudar a si mesmo é andar com pessoas que já são do jeito que você quer ser", pensamento que concorda com o que Jim Rohn disse sobre nós sermos a média das cinco pessoas com quem mais convivemos.

Considero pertinente resgatar a inteligência de autores renomados e edificados, porque ela traz uma sabedoria poderosa e sintetizada, que ajuda fortemente na exposição das ideias e dos conceitos baseados em *cases* de sucesso de forma objetiva e didática.

A citação de Hoffman traduz o pensamento do "círculo de influência qualificado" com bastante veemência, visto que, se buscarmos para compor o nosso "meio" quem já denota a postura ou os procedimentos almejados, teremos a vantagem de contar com modelos e referências que espelham o que buscamos e, dessa forma, teremos mais facilidade para realizar nossas próprias demandas.

Tudo isso se insere no espectro que compõe o *networking*, pois, em síntese, é o esforço para compor uma rede de contatos que gere ajuda mútua e possa estabelecer vias de mão dupla – dando e recebendo aportes que atendam às necessidades das partes.

Não vemos o *networking* como mero "taxímetro", pelo qual vamos simplesmente aumentando a quantidade, com o foco no desejo meramente financeiro, mas como o produto de ações que tenham por meta estabelecer canais de relacionamento perenes e frutíferos, mediante a geração, a troca de experiência e, principalmente, o valor agregado. Infelizmente, o termo *networking* é muito banalizado como ferramenta de ativação de negócios (entenda-se dinheiro), mas o conceito é justamente o oposto: é o de geração mútua e perene de valor, sem focar em resultados financeiros imediatos, mas que podem ser efetivados como consequência. Entendamos que, quando falamos de *networking*, somos como jardineiros cultivando um jardim que no futuro gerará frutos – e não caçadores cujo intuito é ser o predador voraz de uma presa abatida de uma só vez.

Engana-se quem supõe que construímos relacionamentos apenas nos ambientes de trabalho.

Outros locais são grandes geradores de possibilidades para criar contatos, como os clubes esportivos, grupos de relacionamento (LIDE, Gestão 4.0, Alma Premium Brasil e outras entidades do meio jurídico, como IASP, IBDP etc.) e demais pontos de encontro sociais nos quais, naturalmente, as pessoas se conhecem e trocam informações de todo tipo.

Afinal, pessoas se conectam com pessoas. Somos amigos de pessoas que compartilham dos mesmos valores, gostos e *hobbies* que nós e isso vale, inclusive, no ambiente corporativo.

Quem o inspira?

Já deixamos claro que o conjunto de características do grupo em que estamos inseridos influencia diretamente a maneira pela qual nos comportamos, tomamos decisões, e, consequentemente, isso se refletirá no sucesso ou fracasso de nossas iniciativas.

Nesse sentido, a mentoria mostra-se fundamental como uma inspiração de "quem já chegou lá".

A mentoria se refere à partilha de conhecimento, realizada com auxílio e acompanhamento de um profissional mais experiente, apoiando e encorajando o profissional no aprimoramento de suas técnicas e seus processos de tomada de decisões. O grande benefício presente na mentoria está na experiência profissional comprovada e no sucesso em funções semelhantes às do mentorado, direcionando, motivando e, sobretudo, permitindo o desenvolvimento de um processo de aprendizagem guiado e focado no alcance de um objetivo concreto.

A mentoria auxilia os advogados a gerirem sua autoaprendizagem, a compreenderem melhor o mercado no qual estão inseridos, a amadurecerem suas ideias de modelo de negócios e a melhorarem seu desempenho em busca de resultados.

Mas cuidado! As redes sociais nos possibilitam produção e consumo de novos conteúdos inimagináveis em velocidade assustadora. A principal problemática dessa nova conjuntura de comunicação é que, muitas vezes, devido à nossa ansiedade em "chegar lá", deparamo-nos com "influenciadores" que prometem fórmulas de sucesso e soluções de resultados catalogados.

A seleção dos seus mentores deve ser feita com muita parcimônia. Não se impressione pelo número de seguidores de determinado perfil – métricas de vaidade são facilmente arquitetadas. Claramente, em determinadas situações, o número de seguidores e, principalmente, o engajamento são indicadores de que aquele perfil segue um caminho relevante na geração de conteúdo para a sua audiência.

Qual o melhor termômetro para avaliar suas fontes de inspiração? PESQUISE E CONSTATE pelo menos um *case* de sucesso: seja um escritório, um curso, um livro ou uma inciativa que apresente resultados estatísticos substanciais. Somente podemos oferecer aos outros a ajuda que, empiricamente, funcionou para nós mesmos, orientada sempre aos resultados.

Conforme pontuado por Sócrates: "Palavras comovem, as atitudes convencem".

> *"Não junte um bando de dados dos seus clientes, mas um banco de dados."* **(Bruno Bom)**

Chamada de Lei de Coulomb, trata-se da atração magnética entre dois corpos eletricamente carregados. De maneira bem sintetizada, a lei diz que: "A força entre dois corpos será atrativa se os mesmos tiverem cargas opostas e será repulsiva se eles possuírem carga de mesmo sinal". Ou seja, na física, os opostos se atraem.

Mas, na "física do relacionamento", a dinâmica é bem diferente, sendo que os que se atraem, de fato, são os similares – aqueles cujas afinidades se entrelaçam e que conjugam valores, ideias e objetivos alinhados.

Se colocarmos ao nosso redor pessoas que nos exerçam uma influência desafiadora, verdadeiros pilares estimuladores de questionamentos e inquietações, estaremos dando um decisivo passo ao nosso sucesso, além de contribuirmos também ao sucesso delas, porque o movimento de melhora constante é mútuo: todos ganham quando nos aliamos a quem for melhor do que a gente.

O pensamento bíblico: "digas com quem tu andas e eu te direi quem tu és" revela bem a essência inserida no *networking* e a sua relevância no meio jurídico.

Talvez uma pergunta venha à sua mente neste momento: devo, então, descartar do meu convívio aqueles que não sejam influências tão positivas ou desafiadoras, posto que não terão efetiva contribuição ao meu crescimento?

É óbvio que não. Todas as pessoas exercem algum tipo de ajuda na nossa vida, especialmente familiares e amigos, porém, em alguns casos, precisamos diferenciar o nosso convívio em momentos de construção ou descompressão.

Caso nos cerquemos de pessoas que se evidenciem pela postura desafiadora e que sejam para nós saudáveis e interessantes em todos os aspectos, teremos um modelo para nos espelharmos e seguir na mesma direção.

Ou seja, vamos trocar o "isso não vai dar certo" pelo "há algo em que eu possa ajudar?".

O poder do entorno do ambiente no qual estamos inseridos é transformador enquanto ferramenta influenciadora dos nossos pensamentos e ações, contrapondo-se à premissa de que tudo o que fazemos é produto da nossa vontade.

Temos inúmeras referências de casos de sucesso nos quais pessoas contribuíram inspirando, ajudando nas dificuldades e sendo pontos de sustentação em todas as horas.

Essa atitude fez a maior diferença para se alcançar o patamar desejado.

> "Na medida em que você se eleva, atrai pessoas convergentes ao seu propósito." **(Bruno Bom)**

Cabe a nós identificarmos em quais setores de nossa personalidade elas estarão influindo e, sobretudo, se podemos ajudá-las nos seus processos de melhoria.

Sem contar que a nossa relação pode se situar nos campos do lazer e da descompressão, de modo que não há necessidade de impor tanto rigor para taxar alguém disso ou daquilo nesses casos.

Quando inserimos no ciclo interno apenas membros cuja atuação se evidencie para postura negativa – sempre "do contra" –, o risco de incorporarmos esse jeito de ser, inclusive sem ter uma clara percepção disso, será grande, posto que conviveremos com referências que efetivamente irão se contrapor aos propósitos positivos de crescimento e realização.

O que seriam esses propósitos?

Simon Sinek, autor do livro *Comece pelo porquê* (2012), desenvolveu uma metodologia que é útil para as empresas estabelecerem seus conceitos de propósito e valor.

O *golden circle* (círculo dourado) é composto por três camadas:

1) Central (com a pergunta "por quê"?)
2) Intermediária (com a pergunta "como"?)
3) Externa (com a pergunta "o quê"?)

Ele expressa a ideia de que devemos partir de dentro para fora no intento de identificar o nosso propósito, tendo como primeiro passo responder por que desejamos isso. Depois, passar à etapa do como faremos e, por fim, definir o quê vamos criar.

Sinek, em sua obra, destaca: "As pessoas não compram o que você faz, elas compram o porquê você faz isso!". Uma afirmação poderosa, repetida incansavelmente por Simon Sinek, um dos mais influentes palestrantes da TED para transmitir que um propósito bem-definido é capaz de inspirar pessoas e organizações a agirem.

A reflexão sobre esse pensamento o guiará por meios e caminhos na busca de estabelecer o seu propósito com clareza, podendo seguir o curso definido, tendo uma linha mestra efetiva na retaguarda, orientando-o em todo o percurso.

Conforme disse Napoleon Hill, "o homem que faz mais do que é pago, em breve será pago por mais do que faz".

É apenas no dicionário que o reconhecimento aparece antes do trabalho – que não é medido pelo tempo empregado, mas pelos resultados efetivos apresentados.

Como operadores do Direito, a iniciativa se traduz com o intuito de que objetivamos imprimir por meio dos serviços disponibilizados aos clientes.

**Se formos além do que foi efetivamente acordado entre as partes, firmaremos o nosso propósito de servir cada vez melhor, colhendo os frutos desse empenho por meio do reconhecimento e da gratidão pelo dever cumprido com maestria.**

*"Prefiro ser o menor apostador na maior mesa do que o maior apostador na menor mesa."* **(Bruno Bom)**

Um advogado que almeja uma posição de destaque e referência no campo de trabalho, como pensamos ser a realidade da maioria dos colegas, não pode se esquecer que o sucesso se dá com a ajuda mútua, pois, como bem sabemos, ter gana de vencer – sair da zona de conforto e da mediocridade e conquistar espaços cada vez maiores e mais sólidos – é o combustível básico para não cumprir uma trajetória pífia e medíocre.

Contudo, se, além dessa prerrogativa, houver a disposição de compor relações que se evidenciem pelos aportes positivos e nos estimulem a redobrar as energias em direção ao alvo determinado, a probabilidade de chegarmos ao destino pretendido será exponencialmente maior.

Por isso, faça uma análise honesta sobre as pessoas nas quais tem investido seu tempo e energia, questionando-se sobre como elas estão compondo o seu conjunto de valores.

O resultado desse balanço mental certamente terá relação direta com o resultado que pretende obter nas suas iniciativas pessoais e profissionais.

Um bom *networking* será de enorme valia na construção exitosa da carreira jurídica. Afinal, a advocacia é relacionamento. Como diz Simon Sinek: "Você não consegue atingir o sucesso sozinho, então, não finja conseguir".

> "A venda na advocacia é fruto do relacionamento próximo, constante e perene." **(Bruno Bom)**

### Aprendendo com a Disney

Michael Damman Eisner, que foi diretor-executivo da Walt Disney Company, de 1984 a 2005, publicou um livro *O jeito Disney de encantar clientes*, em 2012, que fez muito sucesso. Várias informações contidas na obra de Eisner valem para qualquer ramo de negócio que queira ter sucesso em sua atividade, estabelecendo uma relação com seus clientes enfatizada pela satisfação nos serviços prestados.

Quais são, na prática, as lições que podemos obter daquelas referências e experiências?

Vamos lá:

1) **A arte de dizer não**. Ele quer dizer que, em vez de simplesmente dar uma negativa, pode-se falar a mesma coisa de forma positiva, dando uma outra perspectiva e, assim, transformar uma situação normalmente frustrante em algo que terá outro impacto.

2) **Fazer valer a cultura da empresa**. Isso tem que ser disseminado para que todos falem a mesma língua, sendo o exemplo repassado de cima para baixo. Se alguém no time está em desacordo com o padrão de cultura estabelecido, o erro é do gestor, que não passou as coordenadas adequadamente.

3) **Não deixar os bastidores invadirem o palco**. Nos parques da Disney, há uma verdadeira "cidade subterrânea", na qual são executados os procedimentos que devem ocorrer distantes dos olhos dos visitantes, como o recolhimento de lixo. Como bem sabemos, o que os olhos não veem, o coração no sente.

4) **Não há pergunta estúpida.** A dúvida dos clientes sempre faz sentido, não devendo, portanto, ser subestimada, pois denota algum ruído na comunicação.

5) **Crie pequenos "UAUs".** São os pequenos detalhes que fazem a diferença, causando encantamentos. Um exemplo é o de ser acordado por um despertador com o som do Mickey cantando. Uma pequena atenção que causa grande efeito.

6) **Trabalho também é diversão.** Quando se faz algo com um sorriso no rosto, é sinal de que está sendo feito com alegria. É possível trabalhar com seriedade sem que ela esteja expressa no rosto, tampouco, no coração.

7) **Somos todos humanos.** A tecnologia ajuda muito a tornar qualquer atividade mais ágil e eficiente, mas nunca devemos nos esquecer que estamos lidando com pessoas e, como tal, nem tudo no atendimento deverá ser robotizado. Um toque humano nesses contatos será bem-vindo e necessário.

8) **Tudo é percebido.** Todo o time deve estar ciente da importância da atenção às mínimas coisas, pois tudo, de alguma forma, acaba sendo captado pelo cliente.

9) **Jogue fora o que não serve aos clientes.** O cliente deverá ser o objetivo e o foco do trabalho. Nesse contexto, o que não for útil a ele e não agregar valor, descarte – é o melhor caminho.

# Capítulo 10
# ADVOGUE COM CRIATIVIDADE

> *"Luz, criatividade, ação! A criatividade é a maior ferramenta para superar uma crise. É o que os advogados deveriam utilizar quando não sabem o que fazer."* **(Bruno Bom)**

Criatividade é o componente essencial para obtermos sucesso no exercício de qualquer atividade profissional.

Mesmo levando-se em conta que vocação e preparo são requisitos fundamentais, se não dispusermos dela alicerçando as ideias e ações, ter uma carreira medíocre será praticamente inevitável.

Podemos defini-la como o combustível interno que torna uma crise, por maior que ela seja, passível de superação, visto que é uma ferramenta poderosa para reverter situações adversas, abrindo novos caminhos possíveis.

Entendemos a criatividade como a carta coringa para aqueles momentos em que nos sentimos em um beco sem saída, de mãos atadas, buscando avidamente uma solução para determinada inquietude ou dilema.

Ao fazer uso desse recurso, alternativas brotam e trazem a luz.

Especialmente quando priorizamos no nosso radar que a geração de valor é uma diferenciação que torna o serviço que oferecemos mais atrativo e inspirador para os clientes, colaboradores, potenciais clientes e o mercado em geral.

Conceitualmente, podemos definir a criatividade como a capacidade de identificar meios para cumprir algo, com base em um novo roteiro, nova métrica, nova metodologia.

Para tanto, faz-se necessário construir uma linha estratégica de raciocínio original, dando asas à imaginação, sem estabelecer regras ou limites, imbuído do desejo de transformar o mundo e, quem sabe, até o universo.

Se buscarmos suas raízes, talvez nos deparemos com algum componente genético ou a força do estímulo do meio no qual estamos inseridos, fazendo com que a criatividade seja desenvolvida, prevalecendo nas sinapses que fazemos ao longo da vida.

Entretanto, por algum motivo, há quem manifeste com maior vigor e prevalência, enquanto outros ficam mais tímidos e receosos de extrapolar essa característica que poderá ser um verdadeiro divisor de águas na sua trajetória.

*"Criatividade no Direito: pelo direito de se recriar."*
***(Bruno Bom)***

O processo criativo se manifesta individualmente, pois cada um deverá descobrir em quais condições a sua criatividade se faz mais fértil e intensa.

Tanto que há aqueles que pela manhã se mostram mais criativos; outros, à tarde ou varando as madrugadas – quando o sono cede lugar ao exercício de lampejos mentais, a exemplo de tantos escritores, compositores, poetas que tiveram suas grandes criações enquanto as demais pessoas simplesmente dormiam.

As ciências têm estudado a criatividade sob vários ângulos e níveis de profundidade, na tentativa de decifrar seus meandros e entender como ela se processa enquanto propriedade humana.

Por exemplo, alguns sociólogos defendem que três pilares sustentam uma manifestação criativa: o universo social, a área de atuação e as características inerentes de cada um.

O somatório desses fatores trará à criatividade as suas características individuais, as quais nortearão ideias e ações, como o ferramental responsável pela forma como será estabelecida.

A visão lúdica que Einstein tinha da criatividade, de que ela é a inteligência se divertindo, revela algo importante para refletirmos, já que a inteligência tem na criatividade um vetor dos mais relevantes, capacitando-nos a cumprir demandas com maior eficiência e até agilidade, permitindo-nos vislumbrar possibilidades pouco conhecidas ou evidenciadas.

Entretanto, como fazer para manifestar o nosso fluxo criativo?

> *"A criatividade não se baseia em um grande insight, mas demanda disciplina, repertório e, sobretudo, esforço para se tornar realidade."* **(Bruno Bom)**

Ao contrário do que muitos pensam, o fluxo criativo carece de busca contínua de repertório, disciplina para conseguir executar uma boa ideia orientada a resultados tangíveis e, principalmente, muito esforço e dedicação.

O sucesso para a criatividade ser exitosa está associado à persistência e não à insistência. Em primeiro lugar, precisamos compreender e distinguir os conceitos entre insistência e persistência.

A palavra insistência tem origem no latim, "*insistere*": "manter a atitude", de IN-, aqui com o significado de "sobre", mais "*sistere*". Insistir implica repetir uma atitude, persistir se refere a mantê-la ininterruptamente. Insistir é realizar a mesma tarefa de maneira igual, ou seja, manter as metodologias para solucionar os problemas, sem criar novas alternativas e ignorando a inovação.

Persistir, também de origem no latim, "*persistere*": "continuar com firmeza", de PER-, "totalmente", mais "*sistere*", "ficar firme, ficar em pé". Persistir é realizar a mesma tarefa, porém, de formas diferentes, buscando criar alternativas aliadas à criatividade, as quais culminam na inovação. A tendência é encontrar respostas aos problemas de forma criativa e exitosa. Trata-se de perceber soluções onde ninguém conseguiu ver. Somente por intermédio da persistência criativa somos capazes de inovar, criar alternativas e alcançar o êxito.

A metodologia dos 7 Is, que desenvolvemos, oferece algumas diretrizes que ajudarão a colocar a criatividade em ação e isso, seguramente, fará uma grande diferença, especialmente quando tratamos do exercício do Direito, quando nos deparamos com posturas estáticas e refratárias aos procedimentos que fogem do rito tradicional.

Queremos dizer que o advogado, ao transparecer uma postura criativa, agrega ao seu repertório profissional inúmeros trunfos que o farão se sobressair, especialmente na relação com colegas e clientes, estabelecendo vínculos mais produtivos e perenes.

Vamos a eles:

### 1) Inspiração

Ficar atento a pensamentos e ações daqueles que compõem o nosso entorno nos municiará de informações que nos ajudarão a construir as nossas próprias ideias. Isso não quer dizer fazer uso indevido desses dados, muito pelo contrário, podemos nos inspirar tendo por fonte o que a sensibilidade filtra como relevante, adaptando ao nosso próprio critério.

> *"O segredo da criatividade é saber como esconder as fontes".* **(Albert Einstein)**

"Roube" como um artista! A frase tira aquele peso enorme de tentarmos ser 100% originais o tempo todo. Podemos parar de construir algo do além e nos inspirarmos nas ideias das nossas fontes de inspiração. Não estamos dizendo para você copiar o trabalho de alguém – DE FORMA ALGUMA –, estamos dizendo para você se INSPIRAR nas ideias de outras pessoas e na maneira de elas pensarem. Esse caminho abrirá as portas da criatividade. Diante dos muitos movimentos que impulsionam a criatividade e a autenticidade, acreditamos muito no poder do repertório como diferencial competitivo que guarda consigo a chama da inspiração.

Construir um bom repertório é essencial para lapidar o nosso olhar, tornarmo-nos uma pessoa mais plural, mais criativa e com mais ideias inovadoras. Cada um tem o seu próprio caminho e a sua individualidade para buscar referências e aumentar o seu repertório. Normalmente, as pessoas que têm mais facilidade nesse processo são as mais ousadas na forma de olhar para o mundo.

Leia livros, veja séries e filmes, ouça músicas, inspire-se em frases, viaje! Saia da mesmice do consumo de informação apenas da sua área específica, seja faminto por novos conhecimentos e se divirta! Segundo Disney: "há mais riquezas nos livros do que na arca dos piratas da Ilha do Tesouro".

Indico fortemente o livro que também contribuiu no despertar do nosso olhar curioso: *Roube como um artista*, de Austin Kleon (2013), para desenvolver ferramentas que alicerçaram seu rol de repertório.

Marcel Duchamp, artista dadaísta, dizia: "Eu não acredito em arte. Acredito em artistas". Essa é uma metodologia muito eficiente para aplicar ao processo criativo – se você tentar "devorar" a história da sua disciplina de uma única vez, vai acabar se "engasgando".

Em vez disso, "mastigue" e saboreie um pensador – escritor, artista, alguém inspirador. Estude tudo o que há sobre esse pensador. Em seguida, encontre três pessoas que inspiraram ou inspiram esse pensador e descubra tudo sobre elas também.

Repita essa prática quantas vezes puder. Vá criando e subindo na sua árvore criativa – o mais alto possível. Uma vez criada a sua árvore, é hora de fazer brotar o seu próprio galho. Aí que entra a beleza da iniciativa. Somos incapazes de copiar alguém perfeitamente! Por mais que tentemos, somos únicos, somos a junção de todas as nossas experiências vivenciadas: o círculo social a que pertencemos, os livros que lemos, a educação recebida, os lugares que conhecemos etc.

Inspire-se nas ideias de outras pessoas, edificando o seu repertório, e o some aos seus valores individuais. Essa iniciativa terá como resultado chegar ao seu estilo próprio criativo, dentro de um fluxo de consistência.

### 2) Intenção

A intenção é parte essencial da preparação da manifestação criativa. É um estado mental que representa um compromisso de realizar uma ação ou ações no futuro. A intenção envolve atividades mentais, como o planejamento. A manifestação criativa deve se iniciar com a inspiração – pretender apenas aquilo que o inspira à intenção, inspira-o a manifestar. Também é essencial destacar que a intenção deve ser orientada ao compartilhamento, buscando inspirar novas pessoas.

### 3) Intuição

Apesar de ser um sentido inerente à natureza humana, nem todo mundo o explora como deveria, o que é uma grande pena. A nossa mente está permanentemente estabelecendo conexões e, caso tenha o componente intuitivo regendo essas manifestações, potencializaremos exponencialmente a capacidade de tomar decisões e fazer escolhas assertivas. Parafraseando Immanuel Kant, todo o conhecimento humano começou com intuições, passou daí aos conceitos e terminou com ideias. O potencial intuitivo é um tesouro a ser explorado e colocado em prática quando buscamos o sucesso em qualquer situação, pessoal ou profissional.

### 4) Imaginação

*"Criatividade é a arte de conectar ideias." (Steve Jobs)*

O principal ingrediente do processo criativo, a busca da informação por meio de livros, séries e filmes, música, arte e viagens estimula o pensamento, ativa a imaginação e gera novos pensamentos que, na realidade, não são novos pensamentos, são extrapolações de pensamentos já existentes. Mas eles agem como uma semente para o próximo passo: a incubação.

### 5) Incubação

Este passo seguinte é quando a mente entra num certo processo de relaxamento. Conforme pensamento atribuído a Dee Hock, é necessário que você separe um espaço vazio em algum canto de sua mente e a criatividade instantaneamente irá preenchê-lo.

O período seguinte é do processamento inconsciente, quando a mente criativa precisa "relaxar". Muitos artistas se referem a essa fase como "ócio criativo". Ou seja, aquela fase em que você não está deliberadamente procurando a solução do problema, todavia, na verdade, a sua mente está procurando novas conexões de forma inconsciente, com base na preparação realizada anteriormente.

Há quem pratique esportes, escute música ou tome um banho. É nesse estágio que alguns criativos notáveis (o cineasta David Lynch, para citar um) defendem a meditação como forma de potencializar o trabalho do inconsciente na busca pela solução criativa mais profunda.

### 6) *Insight*

Muitos atribuem esse estágio a uma espécie de "eureka!", como algo que "Você não pode esgotar a sua criatividade. Quanto mais você usa, mais você tem" (Maya Angelou *apud* ELLIOT, Jeffrey M., 1989).

O *insight* é um estágio superestimado. Contudo, ele aparece como parte natural do fluxo do processo criativo, após a edificação dos estágios anteriores.

O *insight,* ou "iluminação", não é uma etapa que surge como um "raio" ou – como alguns onomatopeicamente nomeiam – um "Aha!", mas, sim, fruto de um processo de disciplina e consistência, formado pela associação inédita de dois ou mais elementos que se intersectam na mente criativa.

### 7) Implementação

> *"As ideias demandam disciplina, vontade e, sobretudo, esforço para se tornarem realidade."* **(Graham Wallas)**

Esse é o último estágio, e seguramente o mais aflitivo: aquele em que o criativo tem de colocar sua ideia em prática e à prova. É a manifestação operacional do *insight* gerado. A exteriorização da ideia criativa na forma de um produto, serviço, livro, curso ou infoproduto, que será apresentado ao mercado. É essencial mensurar os resultados, adequar a sua operação criativa com as expectativas mercadológicas e conceber metas que vão gerar novas inspirações, intenções, pensamentos, *insights* e ideais. Segundo Winston Churchill: "por mais bela que seja a estratégia [ideia criativa], você deve esporadicamente analisar os resultados".

Conforme Peter Drucker, o "pai da administração moderna": "Se você não medir, você não pode gerenciar". Se trouxermos essa reflexão para o processo criativo, perceberemos a importância de acompanhar os resultados de nossas ações, para não gastarmos de forma arbitrária tempo e investimento.

Para gerir o processo de implementação, sua análise e seus ajustes de percursos, acreditamos ser válida a metodologia **PDCA**.

A metodologia PDCA – das iniciais de *Plan* (planejar), *Do* (executar), *Check* (verificar) e *Act* (agir, no sentido de melhorar) – faz parte do princípio administrativo conhecido como Kaizen, que significa melhoria contínua, princípio perfeitamente aplicável ao *marketing* digital.

**Planejar**: para que qualquer iniciativa criativa possa cumprir suas demandas com sucesso, é requisito básico planejar os passos a serem seguidos. Assim, as iniciativas não serão aleatórias, visto que seguirão um roteiro coordenado, alinhado ao objetivo que se pretende atingir. Dessa forma, não terão "munições" desperdiçadas ou subutilizadas, porque contarão com a retaguarda de uma inteligência por trás de cada iniciativa de comunicação.

**Executar**: a operacionalização das estratégias da criatividade desenhadas no planejamento – sejam elas a publicação de um artigo no LinkedIn, um *e-mail marketing* convidando para uma *live* ou a divulgação de uma série de vídeos no YouTube – voltada à execução deve ser norteada pelo planejamento e pelo objetivo traçados.

**Verificar:** a análise dos relatórios de *performance* passíveis de serem observados em quaisquer ações de *marketing* digital (*website* – Google Analytics; nas redes sociais – em suas próprias configurações de administração; no *e-mail marketing* – nos *softwares* gratuitos ou pagos). Os relatórios e suas verificações são fundamentais como "termômetros" do desempenho das ações.

**Agir (no sentido de melhorar, ajustar)**: identificar por meio dos relatórios (verificação) quais iniciativas não performaram de maneira satisfatória e ajustar no planejamento novas abordagens. Também otimizar as campanhas que apresentaram engajamento positivo.

Ao executar uma ação criativa, esse processo é contínuo e precisará de investimento de tempo, inteligência estratégica e sensibilidade.

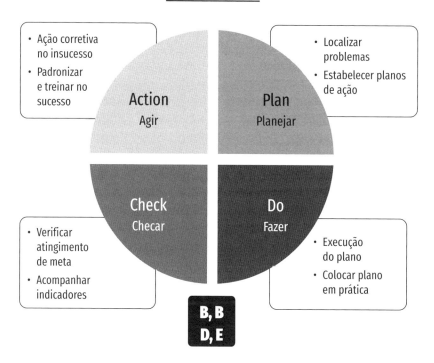

Fonte: https://bbde.com.br/a-metodologia-pdca-no-marketing-juridico-digital/. Acesso em: 6 jul. 2022.

"Luz, criatividade, ação!", essas palavras devem ser vistas como mandatórias para nós mesmos, estimulando constantes "saídas da caixa", soluções autênticas e disruptivas, de modo a rever paradigmas e, assim, permitir-se abraçar novas posturas, que, no nosso ramo do Direito, são cada vez mais prementes, a fim de abandonarmos um marasmo que caracterizou a categoria por décadas e, agora, mais do que nunca, orientar-se ao novo para se adequar aos ritos da nova dinâmica corporativa.

Podemos compreender a luz como um estágio de inspiração; a criatividade, como um caminho para se chegar a um determinado resultado; e a ação, como a execução e a conferência da iniciativa.

Para ilustrar essa situação, temos a iniciativa do escritório Nelson Wilians, que lançou uma campanha criativa e irreverente no mês do advogado (agosto), em 2021: tirinhas no formato de quadrinhos, relatando a história do Direito, criadas por uma das maiores cartunistas brasileiras, Laerte, acompanhada de um Funko Pop.

Os Funko Pop começaram a ser produzidos em 1998, com a intenção original de reproduzir alguns personagens e, hoje, os bonecos "cabeçudinhos" colecionáveis retratam pessoas de diversas áreas.

Era esperado que algo nesse sentido fosse motivo de grande polêmica, apesar de não ferir, de nenhuma maneira, o CEDOAB (02/2015) e o novo Provimento de Publicidade 205/2021 da OAB – que é bem claro no que se refere à publicidade profissional, estabelecendo o seu caráter meramente informativo e educativo, como ocorreu nessa situação.

Mas, mesmo sem ferir regras vigentes, a forma escolhida para retratar a história da sua categoria causou grande repercussão, dentro e fora do meio jurídico.

Não era de se esperar outra reação por quem, ao longo dos anos, fez uso até de uma linguagem própria e obsoleta, o "juridiquês", tão distante e incompreensível à maioria da população nas suas várias vertentes.

O exercício do Direito não deve ser colocado numa redoma, na qual prevalecem dogmas sem quaisquer possibilidades de se adequarem às mudanças sinalizadas pela sociedade.

Manter-se "acima do bem e do mal" apenas o distancia de quem deveria se aproximar e das ações criativas de efeito disruptivo – como aquelas que são merecedoras de todo respeito e aplauso enquanto estratégias para informar e democratizar uma atividade profissional.

Que o tradicionalismo obsoleto e arcaico que impera no Direito fique como lembrança do passado e que a OAB se posicione ferozmente enquanto entidade de apoio ao advogado que busca ser mais competitivo, especialmente no cenário digital vivenciado, sendo ainda uma fonte de informação democrática entre o Direito e a sociedade.

Já dizia o inventor e filósofo social norte-americano Charles F. Kettering (1959), "o mundo detesta mudanças e, no entanto, é a única coisa que traz o verdadeiro progresso". Que venham outras iniciativas assim para, cada vez mais, inserirmos o exercício do Direito numa vertente mais criativa, proativa e desafiadora que, principalmente, aproxime a sociedade da linguagem jurídica.

Uma iniciativa muito presente em outros setores e que ainda não atingiu sua maturidade no universo jurídico: o *marketing* de influência.

Segundo pesquisa da YouPix,[1] o *marketing* de influência já é uma estratégia central de empresas de diferentes segmentos.

Na terceira edição de sua pesquisa ROI e Influência 2021, a YouPix constatou que o *marketing* de influência continua ganhando espaço na estratégia de empresas e que a pandemia corroborou para esse resultado. Essa versão do relatório contou com entrevistas em 94 empresas de diferentes segmentos.

Todos os entrevistados afirmaram que o *marketing* de influência é importante e integra a sua estratégia. Para 71%, a modalidade é parte central de seu planejamento. Um fator que intensificou essa busca por influenciadores foi a pandemia. Cerca de 83% dos consultados afirmam que, com a pandemia, o trabalho com influenciadores se tornou mais estratégico aos seus negócios.

Toda essa intenção se refletiu em investimento. De acordo com Bia Granja, sócia e consultora de influência da YouPix, a

---

[1] Disponível em: https://tag.youpix.com.br/roi-influencia2021. Acesso em: 6 jul. 2022.

quantidade de empresas investindo mais de R$ 5 milhões por ano dobrou. A faixa de investimento entre R$ 300 mil e R$ 1,5 milhão cresceu em 68% de 2019 para 2021. Em 2021, a expectativa era a de um crescimento de 71% em relação a 2020.

O maior aposta ocorreu sob essa composição: 80% de contratação direta de influenciadores, 79% de conteúdo, produção e edição e 65% de tecnologia e ferramentas. As marcas estão alocando seus recursos em conteúdo, já as experiências, como eventos e *press kits*, perderam de importância.

No setor jurídico, esse movimento, anda de forma muito incipiente, não se refletiu em uma adoção de estratégia por parte dos escritórios, inclusive nos mais arrojados. Mas de que maneira os escritórios de advocacia e os advogados podem usufruir desses dados enquanto a OAB ainda discute temas tão monótonos no universo digital? Humanizando e trazendo pessoalidade à sua comunicação. Pessoas se conectam com pessoas, e as redes sociais são instrumentos dessas relações. É por meio dessa relação que é gerado o laço de confiança, fundamental ao exercício da advocacia.

Uma das maneiras mais efetivas de humanizar a comunicação é mostrar que ela é feita por pessoas para pessoas. Quem são os colaboradores, influenciadores por trás da visão, missão e valores de uma marca?

O consumidor quer saber que existem outros indivíduos na retaguarda do atendimento e da prestação de serviço. Isso ajuda tanto a gerar identificação com a marca como também a percepção de que o produto ou serviço é feito por pessoas que entendem as suas necessidades.

Embora muitos advogados ainda se mostrem relutantes com relação ao seu uso, a presença nas redes sociais é inevitável e pode ser uma excelente forma de *marketing*, visto que possibilita que se mantenham na memória dos potenciais clientes, facilitando a conquista de novos.

Ao abrir um espaço para o diálogo e fornecer conhecimento, você retém a atenção da audiência e retenção é a nova aquisição. É muito mais fácil lembrar de alguém ou algum escritório com o qual você já tem algum vínculo do que de uma comunicação meramente institucional.

O mais interessante? Se observarmos o Código de Ética, essa iniciativa está absolutamente em conformidade com o texto legal – mesmo o código amparado na obsolescência. O epicentro da publicidade jurídica, em consonância com o CEDOAB, deve pautar-se no caráter informativo e educativo.

"O melhor *marketing* é aquele que não parece *marketing*", a máxima atribuída a Tom Fishburne nos ensina que, no fluxo jurídico para consolidação de reputação, o melhor caminho é o de tornar o cliente o seu "vendedor", ou melhor, seu embaixador; o bom e velho "boca a boca" é elevado por intermédio desses embaixadores da nossa marca – vozes defensoras, com paixão e propriedade, que ecoarão os benefícios da contratação dos seus serviços jurídicos. O *community manager*, por exemplo, é um profissional consolidado nas áreas de empreendedorismo e *startups*, sendo cada vez mais requisitado no mercado. Sua tarefa é lidar com os diferentes tipos de comunidades que se relacionam com uma organização.

Para o *head* de *community* do Distrito, plataforma de inovação de grandes empresas, Emiliano Agazzoni, muitas vezes se confunde o conceito de comunidade com o de um simples grupo de pessoas, ou ainda, com a arte de se relacionar com pessoas. "Comunidade é muito mais do que isso. É algo mais complexo, que requer planejamento e uma constante estratégia de engajamento com seus membros", defende.

É importante exemplificar isso. Imagine uma empresa que tem uma plataforma digital que conecta um grupo de pessoas interessadas num serviço com aquele que prestará esse serviço. Temos, então, uma comunidade se formando. O *community manager* será o responsável por lidar com esse ecossistema. Fazer o relacionamento, participar da linguagem e ser a ponte entre a comunidade e a empresa tutelada.

Influenciadores digitais, *community manager* ou embaixadores, não importa a nomenclatura. A migração coercitiva de todos os setores, inclusive do jurídico, para a esfera *on-line*, potencializada pela conjuntura pandêmica, foi percursora de um efeito de saturação na comunicação, o que gera uma percepção de mesmice e resistência na captação da atenção. Por isso, esse novo profissional tem um papel fundamental no estreitamento de uma comunicação cada vez mais engajada, colaborativa e humanizada entre marcas e clientes, trazendo maior relevância e diferenciação personalizada aos novos relacionamentos digitais.

A criatividade deve se orientar na conexão genuína e na comunicação humanizada.

A profusão de teorias, doutrinas, teses, dissertações e ensaios não elimina a barreira entre o ambiente do Direito e o seu usuário. Por que a cidadania continua a desconhecer os meandros labirínticos do sistema de Justiça?

Pode haver uma conjugação de circunstâncias, todas convergindo para a débil comunicação estabelecida entre oferta e demanda do justo e concreto.

O universo jurídico se caracteriza por um uso arrevesado da linguagem. O bacharelismo notabilizou-se por uma retórica insuscetível de atingir o leigo. Em nome de um tecnicismo capaz de atestar que as ciências sociais têm estrutura idêntica à das "ciências duras", exagerou-se na arte de multiplicação dos verbetes, sem evidência de vantagens para a compreensão.

Escrever "difícil", complicar em vez de facilitar e abusar da prolixidade passaram a residir nas praxes forenses. Esse hábito entranhou-se de tal maneira na cultura do Direito, que têm sido frustrados os movimentos tendentes a simplificar o "juridiquês" e a reclamar objetividade nos textos doutrinários e jurisprudenciais.

A ciência do Direito deveria ser imediatamente assimilada por seus destinatários, ou seja, por todas as pessoas capazes de discernimento. Direito é uma ferramenta para facilitar a vida humana, em vez de torná-la ainda mais aflitiva, o que não é raro ocorrer. O rebuscamento da linguagem sufoca e sepulta qualquer possibilidade de uma comunicação eficiente.

O grande Orlando Gomes afirmava que o ensino do Direito tem sido uma navegação de cabotagem ao longo dos códigos. Não se inova em estilo, mas se preserva a estrutura legada pelos romanos. Sólida, por sinal. Porém, de difícil apreensão por parte dos principais interessados: os que dependem da Justiça para a defesa de seus direitos.

Mais relevante ainda, quando esta registra uma escandalosa litigiosidade, o que obriga a quase todo brasileiro a entender um pouco de Direito e muito menos a respeito do funcionamento da máquina chamada Justiça. O fenômeno da judicialização é algo que também se encontra em outros países, mas não com a intensidade das últimas décadas no Brasil. Os estrangeiros estranham a dimensão das demandas que chegam aos Tribunais. Caçoam, nos círculos herméticos dos seminários jurídicos, dizendo que os brasileiros trocaram o *hobby* do futebol pela litigância.

Explica-se, em parte, este quadro. O Brasil possui hoje mais faculdades de Direito do que a soma de todas as outras existentes no restante do planeta. Isso fez proliferar o número dos profissionais nas carreiras jurídicas, assim como o crescimento vegetativo das estruturas judiciárias.

Como se existisse uma rígida fronteira entre Direito e comunicação, é frágil a desenvoltura dos escritórios de advocacia frente à clientela, que nem sempre consegue saber o que ocorre com os seus processos. Qual a explicação para essa impressionante metamorfose? Uma questão concreta, real, pulsante de vida, converte-se em tese tão hermética e rebuscada que o personagem principal, o sedento por justiça, nela já não mais se reconhece. O surrado diagnóstico "o seu problema é a falta de comunicação" tem sido sumariamente ignorado pelos profissionais do Direito. O advogado exerce uma atividade essencial à administração da Justiça. Foi o único profissional que ganhou tão explícita dimensão na Constituição da República, em seu art. 133. Ora, "o exercício do poder de forma democrática baseia-se em uma comunicação eficiente, no diálogo com os agentes sociais, econômicos e políticos. Comunicar-se com base em planejamento e coerência é ação fundamental".[2]

---

[2] GREENLEES, Andrew. Governo, comunicação e poder. In: NASSAR, Paulo; SANTOS, Hamilton. *Comunicação Pública*: por uma prática mais republicana. São Paulo: ABERJE, 2019. p. 17.

Há plataformas estratégicas que viabilizam a comunicação e a imersão do planeta nas tecnologias da Quarta Revolução Industrial, obrigando a reflexão em torno da adoção de diretrizes comunicacionais mais claras se acelere.

As mídias sociais, tidas como grandes vilãs, permitem uma ligação direta com a população e têm o seu lado positivo. Estamos imersos nesta realidade. Houve nítida mudança de paradigma e não foram poucos os que se refugiaram numa zona de conforto, como se essa profunda mutação estrutural da vida em sociedade não merecesse uma alteração de rumos.

A comunicação na advocacia passou a constituir uma cultura organizacional a ser levada a sério. É fundamental desenvolver uma visão integrada e sistêmica do diálogo que a advocacia tem de manter e aprimorar, num estágio civilizatório em que as pessoas aprenderam a reivindicar e não se satisfazem com a superada fórmula do saber monopolizado pelos presumíveis detentores exclusivos do conhecimento.

Na brilhante passagem de Leonardo da Vinci: "A simplicidade é o mais alto grau de sofisticação".

O advogado, para estabelecer *rapport* por meio da simplicidade na comunicação, deve construir uma conexão emocional e realmente ouvir, e não apenas "escutar", as dores e angústias de seus clientes. Saber ouvir é uma arte. Saber fazer as perguntas certas é fundamental.

O termo H2H (*Human to Human*) vem ganhando espaço em um cenário de saturação, no qual a comunicação é quase banalizada e não desperta a atenção da audiência. Saber se comunicar de forma transparente e, principalmente, humanizada é componente essencial para estabelecer um vínculo e gerar confiança na mensagem emitida.

Segundo Simon Sinek (2018): "100% dos clientes são pessoas, 100% dos funcionários são pessoas. Se você não entende de pessoas, você não entende de negócios".

Os três pilares da comunicação H2H: I) a humanização, que gera a conexão; II) a objetividade, que visa à clareza da informação; e III) a relevância, que edifica a autoridade.

Uma pergunta recorrente: mas para humanizar a minha linguagem devo investir no meu perfil pessoal ou corporativo?

A Covid-19 reverberou um efeito de migração coercitiva para o universo digital. Assim, os advogados, por uma questão de adaptabilidade, viram-se "obrigados" a ter presença digital.

Acontece que o efeito dessa migração resultou em uma saturação na comunicação, visto que os advogados e escritórios se posicionam de forma repetitiva, o que não desperta a atenção da audiência.

Os advogados que de fato se diferenciam, além de criarem uma massa de conteúdo informativo como autoridade na sua determinada área, entenderam a importância de humanizar a linguagem nas redes sociais.

Muita gente acredita que, ao trazer para as redes sociais o seu escritório, é fundamental humanizar a linguagem, mostrando que existe uma pessoa por trás daquele serviço jurídico, e que, por isso, não faz sentido criar um perfil para o escritório, defendendo que o ideal é utilizar a sua conta pessoal para promover o serviço. Afinal, pessoas se conectam com pessoas.

Por outro lado, quando pensamos em um negócio jurídico, é importante destacar que a audiência pesquisa no Instagram de um escritório quando está tomando uma decisão na contratação do serviço e é, por isso, que orientamos que a marca do escritório também deva estar presente nas redes, reforçando o seu carácter institucional. Porque, enquanto no perfil pessoal, o advogado gestor do escritório mostra, também, um pouco da sua rotina, do seu lado "mais humano", visando à conexão com a audiência e atrair novos potenciais clientes; no perfil do escritório, ele transmite informações mais formais, tratando diretamente com os seguidores que já são clientes.

O perfil do escritório é mais para quem já é cliente e, portanto, já está convencido. É muito comum o número de seguidores ser menor nesses perfis institucionais do que nos pessoais. Neles, toda a comunicação é criada para falar com os clientes e as informações lá são sobre eventos, endereço da empresa, serviços, perguntas frequentes etc.

Resumindo:

- um conecta e atrai novos potenciais clientes por meio da linguagem humanizada;
- o outro atua para manter os já clientes por meio da linguagem institucional.

> *"Desapegue da necessidade utópica de ser querido por todos."* **(Nelson Wilians)**

A vida seria muito monótona, triste e pouco estimulante sem os repentes de criatividade, com absoluta certeza.

Segundo Frank Zappa (1994): "Sem um desvio da normalidade, o progresso é impossível".

O desvio da normalidade a que o autor se refere é a coragem para inovar e, muitas vezes, as consequências geram resistência e, porque não, medo. Muitas ideias com potencial exitoso deixam de existir porque seus criadores tolheram-se diante das opiniões do meio no qual estão inseridos.

Inovação significa criar algo. A palavra é derivada do termo em latim *"innovatio"* e se refere a uma ideia, método ou objeto que é criado e que pouco se a semelha aos padrões determinados.

Inovação requer criatividade e coragem para enxergar o que ninguém conseguir perceber antes.

Segundo Nelson Wilians: "Para realizar algo, primeiro acredite e não se deixe tombar pelas circunstâncias presentes. A pessoa que realiza vê o futuro que ninguém mais vê".

A princípio, os velhos paradigmas podem gerar grande resistência no processo de inovação, mas são fundamentais ao exercício de soluções ou caminhos de diálogo alinhados às expectativas do século XXI.

Salvador Dalí uma vez citou: "O termômetro do sucesso é a inveja dos descontentes".

A inveja é um sentimento natural no homem. Bereshit (em Gênesis), ao relatar a história de Caim e Abel, usa uma frase que é elucidativa quando narra que Deus disse a Caim: "o teu desejo será sobre ti, mas cabe a ti dominá-lo". Ou seja, pode até ser um sentimento inerente ao homem, mas cabe a nós governá-lo. Pior do que ser invejoso é mentir, alegando que não sente inveja, ou pior, revestir-se por meio de falsas intenções.

A inveja é a tristeza pela felicidade do outro, segundo Santo Tomás de Aquino. A palavra tem origem do latim, *invidia* (*in* + *videre*), que significa o sentimento negativo quando vemos o êxito alheio.

Esclarecendo a máxima socrática "Conheça a ti mesmo", o invejoso é um cego que não consegue olhar para si; antes, olha para outro, culpando-o por sua incapacidade de ser ou ter. E mais, Dante Alighieri coloca o invejoso em seu Inferno com os olhos costurados com arame – esse é o castigo do invejoso, segundo o filósofo.

A inveja reverbera críticas sobre a beleza, a capacidade e as posses alheias. Assim, em sua essência, esse sentimento pode ser expressado segundo o pensamento atribuído a Leandro Karnal, o qual dispõe: "Como eu não sou e não posso ser, eu me entristeço pelo que o outro é. Como eu não consigo e acredito que não sou capaz, eu me entristeço com a capacidade do outro. Como eu não tenho e não posso ter, eu me entristeço com o que o outro tem. A inveja é a tristeza pela felicidade alheia".

A inveja limita o crescimento do seu agente, o invejoso estanca a sua evolução e canaliza a sua energia fracassada contra o sucesso do outro. Para os invejosos, a única culpa da sua situação sombria é meramente a luz. A principal indulgência da inveja é a ajuda, a falsa sensação de cuidado. Por meio de um pseudodiscurso virtuoso, o invejoso desloca para terceiros o seu sentimento ou intenção, mediante discursos ou até mesmo dispositivos legais que deveriam servir para guiar e prestigiar uma coerência exitosa, não sobrepujar as limitações de crescimento dos seus legisladores ou autores do pecado original.

Uma parábola conta que, uma vez, uma cobra perseguia um vaga-lume, que nada mais fazia do que simplesmente brilhar. Ele fugia rápido, com medo da predadora, e a cobra nem pensava em desistir. Fugiu um dia, dois , mais outro... e nada. No quarto dia, já sem forças, o vaga-lume parou e disse à cobra:

— Posso fazer-lhe três perguntas?

— Pode. Não costumo abrir esse precedente para ninguém, mas já que vou devorá-lo, pode perguntar — respondeu a cobra, já indignada com o rumo da conversa.

— Pertenço à sua cadeia alimentar? — indagou o vaga-lume.

— Não — respondeu o réptil.

— Fiz alguma coisa a você? — voltou a questionar o vaga-lume.

— Não — replicou o ofídio.

— Então, por que você quer me devorar? — inquiriu o inseto.

E a cobra retrucou antes de devorá-lo:

— Porque eu não suporto ver você brilhar.

Para os corajosos que ousam inovar, merecedores do brilho do sucesso por meio do exercício exitoso da criatividade, inspirados e inspiradores, trazemos à luz a reflexão de Ayn Rand (2017): "Nada pode tornar moral a destruição dos melhores. Não se pode ser punido por ser bom ou pagar por ter sido hábil".

## Capítulo 11
# APRENDA E CRESÇA COM A CRISE: A CONTEXTUALIZAÇÃO DA ADVOCACIA NO PÓS-COVID-19

> *"A criatividade é a maior ferramenta para superar uma crise. É o que os advogados deveriam utilizar quando não sabem o que fazer."* **(Bruno Bom)**

Os danos causados pela pandemia causada pela Covid-19 são bem fartos, mas não podemos negar que a situação, além de surpreender todo o planeta, também trouxe ganhos e aprendizados, por mais contraditório que possa parecer.

Queremos dizer que podemos focar apenas no problema ou observar a situação sob outros ângulos e, desse modo, vislumbrar o cenário com maior abrangência e profundidade, especialmente pelo seu lado positivo.

Por exemplo, tempos atrás, a prática do *home office* tinha certa resistência, porque se presumia que o trabalho *in loco* era essencial para ser produtivo e cumprir determinadas demandas. Trabalhar em casa tinha a conotação de algo não profissional ou pouco produtivo, uma espécie de "quebra-galho".

A obrigatoriedade do isolamento social fez com que fossem criados procedimentos visando ao exercício de atividades remotas, inclusive domiciliares, com celeridade e eficiência. E o resultado superou de tal forma as expectativas que essa prática acabou sendo incorporada ao cotidiano das organizações de forma definitiva, tanto que algumas aderiram de vez a esse sistema funcional, mesmo quando tudo voltar ao normal.

No entanto, foram necessárias algumas medidas práticas para que os escritórios de advocacia, em especial, pudessem prestar o atendimento remoto aos clientes com o mesmo padrão de qualidade habitual. Para tanto, foram exigidos consideráveis investimentos nas áreas de tecnologia e segurança da informação, além de customização no uso dos *softwares* jurídicos para suprirem as demandas da forma desejada, entre outras medidas. Isso propiciou uma maior organização e controle dos processos, gerando entregas mais ágeis dos serviços.

O próprio Poder Judiciário teve que se reinventar, adaptando suas audiências e sessões de julgamento para o formato *on-line*. Algo que, até então, havia apenas sido experimentado com timidez no Brasil, sendo utilizado de maneira pontual e isolada.

As reuniões e conferências passaram a ser *on-line*, dispensando os deslocamentos físicos que antes eram essenciais, ganhando-se tempo e evitando o estresse causado pelo trânsito pesado. Com esse novo padrão de atuação institucionalizado, a tomada de decisões na prática jurídica cotidiana ficou menos burocratizada, gerando acesso direto às áreas de interesse, entre outros benefícios.

Os gestores, colaboradores e parceiros, gradativamente, foram absorvendo os novos códigos vigentes nos tempos de pós--Covid-19 e podemos notar que essa nova realidade seguramente influirá para que os sistemas de Justiça se mostrem mais transparentes, ágeis e, sobretudo, eficientes para quem fizer uso dos seus recursos. A advocacia, enquanto atividade dinâmica e integrada à sociedade, deve buscar meios alternativos e mais eficazes para solucionar suas questões. Nesse propósito, a litigiosidade cede lugar a iniciativas de mediação e arbitragem, tanto na fase pré-processual quanto ao longo dos processos, proporcionando acordos que atendam às necessidades das partes de forma mais rápida e objetiva. Dessa forma, diante da realidade que impera no pós-pandemia, o mundo jurídico, ao fazer uso dos recursos que a tecnologia digital coloca ao seu alcance, terá ganhos em escala em todas as suas etapas de atuação.

Não podemos negar que o novo contexto está abalando a economia mundial, abrindo espaço para uma crise que há tempos não se tinha notícia com tanta veemência, especialmente no que se refere aos desafios lançados cotidianamente.

Uma imagem que ilustra bem essa situação é de uma escada, porque quando subimos um degrau, encontramos outro degrau. Subir nele ou ficar estagnado no atual revela como lidamos com os obstáculos e desafios constantes ao longo do caminho – seja ele pessoal ou profissional.

O advogado atuante, nestes tempos pós-Covid-19, lida com sucessivos desafios no batente cotidiano, obrigando-o a se reinventar para não perder "o bonde da história", como diziam os antigos.

Isso porque, em primeiro lugar, cada cliente possui uma forma de lidar com o pós-pandemia. Enquanto alguns preferem manter seus trabalhos e contatos de forma remota, outros já retornaram ao presencial ou, ao menos, ao modelo híbrido.

Dessa forma, os advogados devem adaptar sua rotina para poderem atender igualmente a ambos os casos.

Em segundo lugar, porque as situações excepcionais vividas nos últimos anos geraram – e geram ainda – inúmeros conflitos judiciais, cujo enquadramento jurídico é complexo, exigindo do profissional abordagens que fogem dos padrões tradicionais e das soluções pré-formatadas.

Já comentamos na apresentação deste livro a frase de Sêneca: "O destino conduz o que consente e arrasta o que resiste". Agora é momento para arregaçar as mangas e prosseguir na jornada com maior vigor e determinação, tirando proveito da pandemia por meio das lições que podemos filtrar deste conturbado mundo em que vivemos, tendo que enfrentar um vírus desconhecido, cuja presença vem deixando rastros que nunca serão esquecidos. Assim, não seremos arrastados, mas conduzidos pelas marés da vida.

A nova advocacia, aquela que sobreviverá nos novos tempos, sejam eles quais forem, exige do advogado uma visão macro e não excludente, não só das matérias que compõem o seu escopo básico de atuação, mas também das que envolvem gestão, *marketing* estratégico, financeiro, liderança, vendas, negociação, comunicação etc.

É a prática dessas habilidades que fará a diferença na construção e na consolidação da imagem do escritório e ainda à captação/fidelização de clientes, especialmente neste período tão conturbado e sem previsão concreta de tudo voltar ao que era antes da pandemia.

Entendemos esse momento de crise como, particularmente, propício a uma reflexão e uma autoavaliação dos procedimentos aplicados no sentido de identificar arestas e pontos passíveis de melhoria, revendo a forma como são conduzidos os fluxos de processos de trabalho, custos praticados, gestão da equipe, estrutura utilizada e tudo mais que estiver direta ou indiretamente relacionado à atuação do escritório jurídico, com a finalidade de corrigir eventuais erros de percurso que forem identificados.

Vale lembrar que a raiz etimológica da palavra *crise* está no latim, "*crisis*", e no grego, "*krisis*", que significam julgamento, seleção ou resultado de uma avaliação. Portanto, para lidar e superar tempos de crise, o melhor caminho é avaliar, filtrar e analisar as conclusões para ressignificar *performances* e, daí, prosseguir com maior vigor e assertividade.

Isto é, em tempos como esse, somos forçados a realizar inúmeras escolhas – muitas vezes indesejadas. Saber analisar cada momento de forma objetiva é, portanto, fundamental para que as decisões tomadas não agravem uma situação que já é delicada.

Se o profissional é capaz de empregar um olhar analítico em momentos como esse, não caindo no desespero e tomando decisões impulsivas, baseadas no medo e na ansiedade, certamente encontrará um meio muito rico de oportunidades de aprendizado e crescimento que o tornarão mais capacitado.

Porém, repetir os mesmos erros, sem quaisquer iniciativas de obter melhorias, somente faz perdurar a mesma situação, os mesmos problemas e resultados insatisfatórios.

## *Capítulo 12*
# UM *CASE* DE SUCESSO

> *"Nelsinho, meu filho, você nunca vai me decepcionar, porque de você não espero nada."* **(Nelson Rodrigues – Pai Nelson Wilians)**

Os pais normalmente anseiam o melhor para seus filhos, em todos os sentidos.

Fazem o possível e o impossível para concretizar esse nobre desejo, esperando que prosperem na vida, custe o que custar. Esse sentimento se transformará no alicerce, no pilar, para poderem construir seus próprios caminhos, como referência, alinhavando suas realizações, conquistas e momentos de superação.

A maioria das trajetórias de sucesso têm uma retaguarda nesse sentido, com pais incentivando cada novo passo, como mentores a postos para o que for necessário, especialmente naqueles momentos em que os ventos soprarem contra e todo o cenário se mostrar adverso.

E quando os pais tiverem outro procedimento? Se, em vez de palavras de apoio incondicional, expressarem um sentimento oposto, desfalcado de intenções de estímulo em determinadas situações, sem o intuito de prejudicar, mas por carência de outra visão mundana? Uma postura dessas, possivelmente, traria como desfecho para a história de seus filhos um enredo pífio, desestimulante e fadado ao retumbante fracasso.

Possivelmente, se nos atermos a certas "caminhadas de vida", que definitivamente não foram bem-sucedidas em todos os sentidos, identificaremos nos conselhos recebidos, especialmente nos primeiros anos, essa ausência de parceria positiva, esse "**de**

**você não espero nada**" ressoando sem parar, como uma ladainha reverberando e até berrando a toda hora nos ouvidos e na alma.

> *"Determinação com perseverança e resiliência.*
> *Obstáculos devem e podem ser transpostos.*
> *Impossibilidades, não."* **(Nelson Wilians)**

Entretanto, toda regra tem exceção. Nem tudo segue obrigatoriamente um rito padrão, uma fórmula que caberá a todos. Muitas vezes, algumas ações terão um efeito contrário, diametralmente contrário.

Especialmente quando dentro de nós habita uma vontade de vencer que se sobrepõe a todo tipo de barreira, de obstáculo. Algo como uma essência que se fez plena de intenções e verdades desde seus primeiros lampejos. Talvez nem tenhamos a capacidade de identificá-la assim, no início, porque é algo latente, calado, aparentemente inexpressivo. Mas que já decanta uma capacidade interna monumental para quais propósitos serviria e, sobretudo, descortinando algo que faria, realmente, diferença mais para frente, de forma incontestável, ultrapassando, inclusive, as fronteiras.

Quando decidimos estudar o *case* do maior escritório da América Latina, o Nelson Wilians Advogados, a inspiração inicial veio justamente daquela frase do início deste capítulo, do pai do dr. Nelson, "você nunca vai me decepcionar, porque de você não espero nada". Ela representa muito do que ele é e de tudo o que construiu nas esferas pessoal e profissional.

> *"O progresso é fruto de espíritos insatisfeitos."*
> **(Nelson Wilians)**

Seu pai trabalhava na roça e era esse o seu mundo. Moravam numa cidade pequena do interior do Paraná, Jaguapitã, compondo uma família muito pobre, de pequenos agricultores. Era natural que ele tivesse que ajudar naquele trabalho.

Nascido na cidade de Cianorte e criado na pequena Jaguapitã, Nelson Wilians é filho de um pequeno agricultor e uma dona de casa. Ele nem sempre mostrou a personalidade expansiva e visão arrojada que conhecemos hoje.

O menino de origem humilde teria como destino a vida rural, uma vez que os pais, semianalfabetos, não vislumbravam grandes ambições, tampouco ele possuía referência na família de alguém formado, mas enxergava na educação um caminho para mudar sua vida e a de seus familiares.

Contrariando as circunstâncias que o levariam ao trabalho rural, o já jovem Nelson partiu para o interior paulista e ingressou nos estudos de Direito pelo Instituto Toledo de Ensino, em Bauru, encontrando oportunidade de emprego e moradia em Jaú, cidade a 50 quilômetros de distância.

Durante o dia, trabalhava no Departamento de Recursos Humanos da Santa Casa de Misericórdia, à noite, estudava. Como precisava de mais dinheiro, arranjou trabalho em um posto de gasolina aos fins de semana como frentista.

Um ano depois, iniciou atividade em uma pequena construtora que veio à falência, mas teve a indicação de um chefe para uma empresa prestadora de serviços, onde atuou no RH mais uma vez e, aos poucos, assumia alguns serviços advocatícios.

Quando, enfim, formou-se, tirou férias para conseguir estudar para o Exame da Ordem dos Advogados. Foi aprovado e retornou ao trabalho com o objetivo de ser contratado como advogado, porém a sua pretensão foi recusada porque não havia espaço, então pediu demissão. Iniciou a carreira como advogado autônomo, utilizando no início, de forma emprestada, a sala de um colega médico para exercer a profissão. Começou a conquistar e fidelizar clientes e seu serviço foi demandando em cidades vizinhas. Para isso, o seu meio de transporte evoluiu do ônibus circular para uma antiga perua Fiat Panorama batida, o seu primeiro carro.

> *"Três atitudes são vitais para o sucesso do empreendedor: coragem, resiliência e planejamento. Coragem é a firmeza para enfrentar os desafios que surgem. Resiliência é aguentar as intempéries da vida. Planejamento é o método para ser bem-sucedido no intento."* **(Nelson Wilians)**

Mais para frente, Nelson firmou sua primeira sociedade com o amigo Adirson de Oliveira Júnior, nascendo, assim, o escritório Nelson Wilians e Oliveira Advogados, no final da década de 1990.

Cresceram, abriram matriz em São Paulo e se expandiram pelo estado. A sociedade com Oliveira durou mais alguns anos, até que o escritório atingiu o estágio atual, tornando-se o Nelson Wilians Advogados. Em 2009, já estava presente em todas as capitais brasileiras, com escritórios próprios e sócios locais. Em 2014, foi iniciada a atuação fora do Brasil.

Atualmente, o escritório possui 13 mil clientes, entre pessoas físicas e jurídicas. O NWADV se aproxima da marca de 3 mil profissionais, sendo cerca de 1,5 mil advogados. Está presente em todas as capitais brasileiras, com 29 unidades, e é considerado o maior escritório *full-service* empresarial da América Latina.

> *"Coragem não é o contrário do medo. Só não tem medo quem não tem nada a perder ou perdeu a esperança de tudo. Medo e coragem são conceitos implicados e caminham juntos. Podemos falar de coragem quando agimos apesar do medo. Mas, entendam, medo não quer dizer fraqueza. Corajosos são os que trabalham para superá-lo."* **(Nelson Wilians)**

Relembrando seus tempos de garoto, quando o pai solicitava sua ajuda para o trabalho na lavoura, confessa: "sempre odiei fazer aquilo". Tanto que ele não tinha escrúpulos para fazer corpo mole, enrolando o quanto pudesse no cumprimento das tarefas braçais que lhe eram designadas.

"Desejar que o filho jamais saísse do seu chão talvez tenha sido a sua forma de querer o melhor para mim", acredita NW, por mais bizarro que possa parecer, porque era isso o que compunha o seu horizonte.

Possivelmente, a maioria dos filhos que se encontrasse naquele mesmo contexto e tivesse de cumprir afazeres assim entenderia como sacramentado o seu destino, sem quaisquer possibilidades de empreender outro roteiro.

Estava definido como uma determinação cósmica ou algo nesse sentido.

Curioso observar que, ao longo da sua vida, NW sempre fez questão de imprimir procedimentos opostos àqueles da infância: cumprindo o que tivesse que fazer com absoluto rigor, postura, o que fez questão de exigir de todos que fizessem parte do seu time mais à frente. Aquela displicência era, de fato, a forma que encontrara para protestar e resistir à pressão paterna de fazer algo radicalmente distante de sua verdadeira aspiração, seu grande sonho, de seu efetivo modelo de vida.

> *"Para realizar algo, primeiro, acredite e não se deixe tombar pelas circunstâncias presentes. A pessoa que realiza vê o futuro que ninguém mais vê."*
> **(Nelson Wilians)**

Hoje, fazendo uma retrospectiva reflexiva de sua história, analisamos que aquela atitude de não aceitar passivamente as incumbências recebidas sem, no entanto, deixar de cumpri-las, cravou uma semente que foi determinante na sua formação de carreira profissional, pautada por uma obstinada vontade de vencer, não sendo apenas mais um grão de areia na praia.

Porque só quem ergueu tijolo a tijolo uma construção sabe o quanto de trabalho, coragem e resiliência são necessários para edificar o sucesso.

Quando vemos de fora uma história profissional invejável, exemplo incontestável de méritos e vitórias, nem sempre nos atentamos a certas nuances não tão louváveis, não tão representativas, mas que, efetivamente, tiveram um papel crucial naquele brilho que o sucesso representa.

Porém, o sucesso tem o seu custo. Todo bônus tem atrelado um ônus, como bem sabemos.

Reconhecer com humildade e sinceridade o pano de fundo do percurso percorrido, possivelmente poderá inspirar a outras pessoas a não acatarem simplesmente o legado que lhes foi imposto, mas, sim, irem atrás do seu próprio legado, da sua própria realidade, da sua própria luz.

> *"Para se realizar algo, é preciso acreditar que é possível, definir o que se quer e traçar a estratégia. A tudo isso, adiciona-se ainda uma grande dose de coragem, resiliência e muito trabalho."* **(Nelson Wilians)**

Outro ponto importante que vale ressaltar é o de que não somos responsáveis pelo nosso passado, mas temos a total responsabilidade sobre o nosso futuro.

Muitas pessoas atribuem a sua condição atual àquelas que vivenciaram no passado, como uma espécie de desculpa ou justificativa por serem o que são.

Conforme já comentei, NW foi concebido de uma família muito pobre, com pais semianalfabetos e que nunca privilegiaram o estudo. Apesar de ser fruto daquela realidade, reiteradamente investiu no conhecimento como ferramenta para mudar e ascender na vida, pessoal e profissional.

Desde muito jovem, ele se atinha à certeza de que poderia ir bem além daquele universo e isso apenas dependia do seu esforço para deixar de ser um mero devaneio e tornar-se fato.

Ousamos dizer que ficar na roça não teria exigido tanto do advogado mais prestigiado do Brasil, pois não teria se deparado com tantos obstáculos a superar nem tantas metas a cumprir.

Mas também não teria tido a oportunidade de chegar aonde chegou.

Quando acreditamos realmente em algo, surge uma energia para nos impulsionar a conquistar o lugar que almejamos e merecemos.

Existem gigantes adormecidos dentro de cada um de nós, os quais mostrarão toda a sua força no momento certo. Isso não é clichê ou mera frase de efeito. Tampouco, um conceito vazio, sem sentido. É a mais pura realidade.

Reconhecer o nosso potencial, mesmo que todos ao redor estejam desacreditando, vai muito além do que simplesmente melhorar a autoestima.

Porque nos trará indicativos de que somos capazes de ir em frente e encarar todas as adversidades que teimarem em cruzar o nosso caminho, sejam elas quais forem.

Este é justamente o propósito do dr. Nelson: inspirar mais gente por meio da sua história.

> *"Acho um contrassenso pessoas que têm necessidades elementares e tomam decisões lastreadas em seu ego. Quando comecei a minha carreira, eu tinha necessidades elementares, não ego."* **(Nelson Wilians)**

E, permanentemente, buscando estar cercado de pessoas que tivessem um "preço alto" em relação aos seus princípios, às boas intenções, à disposição para contribuir, agregando algum tipo de valor.

Talvez tenha sido esse o "segredo" para ter formado um time ímpar, que detalharemos ao longo deste capítulo. Aquele conselho recebido de seu pai há tanto tempo tem um fator essencial na escolha daqueles que o ajudaram na construção de um império corporativo que atende a quaisquer demandas de natureza jurídica, sendo reconhecido como a maior banca da América Latina, dispondo de unidades em todas as capitais brasileiras e em cidades com viés estratégico, somadas a representações em diversos países.

O Nelson Wilians Advogados (NWADV) poderia ser mais um escritório de advocacia, mas se desenvolveu e foi capaz de compor uma estrutura invejável, com mais de 3 mil profissionais, 700 mil processos e uma carteira que ultrapassa 13 mil clientes. Esses números por si só traduzem um verdadeiro império na área jurídica, a exemplo de outras megacorporações que se destacam nos quatro cantos do planeta, nos mais diversos segmentos. "Meu filho, você nunca vai me decepcionar..."

Acreditamos que o "Nelsinho" nunca o decepcionou e esse é um dos nossos maiores motivos de inspiração para estudo e admiração desse *case* ímpar de sucesso.

No entanto, há um diferencial que o torna verdadeiramente único: a postura humanizada com a qual vem atuando desde os seus primeiros passos, podendo ser considerada o alicerce para ter alcançado esse exponencial sucesso empresarial.

Mas se formos mais a fundo nesta busca do "segredo" para o NWADV ter conquistado esse patamar privilegiado e único no seu segmento, identificaremos em toda a sua estrutura a forma objetiva, correta, moderna e eficaz com que atende a demanda dos seus clientes. É justamente nesses quatro pilares que está a essência do trabalho disponibilizado, aliada à permanente busca pela otimização dos recursos operacionais, postura que tem reflexo direto na agilidade e na eficiência dos procedimentos, especialmente no que diz respeito aos deslocamentos que habitualmente seriam necessários num atendimento jurídico tradicional – visto que dispõe de completa rede de unidades próprias, cobrindo todo território nacional, e aparelhada com o que existe de mais avançado em tecnologia e sistemas, conseguindo oferecer um dinamismo que, de outra forma, não seria possível.

Todo esse aparato seria insuficiente se não dispusesse de um time que reúne os profissionais com os maiores índices de competência e qualificação do mercado, o que propicia uma qualidade de atendimento sem par no universo jurídico. Para dar suporte a toda equipe, o departamento de política de qualidade e auditoria nacional tem a prerrogativa de exercer um monitoramento de todos os trabalhos técnicos-processuais desenvolvidos e, assim, valer-se de uma controladoria jurídica de excelência, fazendo uso de relatórios detalhados para dar plena ciência de todo o conjunto de iniciativas aos coordenadores de contratos e gestores.

> *"Quando quero passar algum ensinamento baseado na minha experiência de vida, sempre alerto para que não levem minhas sugestões e palavras 100% ao pé da letra. E que vejam as minhas colocações como a um peixe sobre a mesa: retirem os espinhos e saboreiem a carne."*
> **(Nelson Wilians)**

As eventuais correções de percurso são feitas em tempo recorde e a utilização do tempo é maximizada, eliminando-se arestas, burocracias e formalismos que apenas servem para represar e obstruir iniciativas. O NWADV foi criado vislumbrando a sua atuação sob todos os ângulos e vertentes, antevendo a megaestrutura em que se tornaria tempos depois, como uma espécie de premonição de todo o conjunto que um dia se traduziria em realidade. Isso demonstra uma sensibilidade apurada para não deixar qualquer uma das áreas sem a devida atenção, exercendo extremo cuidado nos detalhes.

Agir com esse rigor, é claro, fortalece os vínculos estabelecidos com os clientes, colaboradores e parceiros, gerando credibilidade e confiança, consagradas a cada novo contato, permitindo identificar necessidades e sugerir ações dotadas da melhor retaguarda técnica e jurídica. É por esse motivo que uma considerável fatia das organizações, nacionais e internacionais, que compõe o Produto Interno Bruto (PIB) do nosso país conta com o suporte do "exército" da Nelson Wilians Advogados.

Porém, tratando-se de um país do porte continental do Brasil e apresentando, portanto, peculiaridades de contexto específico, era imprescindível se adequar à realidade de cada região e nisso o NWADV aplicou seus melhores esforços para compor o time das suas unidades inserido no "falar" e "se expressar" de cada praça.

Para se entender melhor a dimensão e especificidade que estão atrelados ao seu *modus operandi*, seguem as áreas nas quais o escritório tem expertise: administrativo; agronegócio; *compliance*; contencioso cível; contencioso estratégico; educacional; empresarial; família, sucessões e planejamento familiar; infraestrutura; internacional e arbitragem; tributário; trabalhista; terceiro setor; societário; saúde; relações governamentais; recuperações judiciais, extrajudiciais e falências; recuperação de crédito; penal; LGPD; internacional e arbitragem.

> *"Tenha paixão pelo que faz. É isso que o fará ser um profissional de destaque. Quando trabalhamos em função do que verdadeiramente gostamos, é muito mais confortável questionar e inovar."* **(Nelson Wilians)**

Mais do que meros setores de atuação, em cada um dos segmentos supracitados, o NWADV disponibiliza aos seus clientes um ferramental jurídico especializado e toda uma estrutura operacional de alta *performance*, que denotam uma percepção de conjunto única, levando às grandes e médias empresas que compõem a sua carteira de clientes um novo formato de atuação jurídica, que difere da prática que o mercado estava habituado a conviver por muitos anos. Mediante um atendimento pautado pela excelência dos serviços e pela busca incessante de resultados efetivos centrados na solução de problemas, ele conquistou o seu espaço no universo jurídico nacional e internacional.

Conforme já mencionado, todo o rigor técnico está amparado por um respaldo humanizado no seu escopo de atuação, o que faz com que a corporação tenha na sua cultura o compromisso de ter colaboradores felizes e satisfeitos por serem células essenciais para que toda essa engrenagem possa cumprir sua função da melhor maneira.

> *"O que difere um ato de coragem ou loucura é sempre o resultado."* **(Nelson Wilians)**

Quando NW comentava, no início da sua jornada, que o seu sonho era ter, algum dia, unidades em todos os estados brasileiros, o que mais ouvia era: "Ou você é louco ou tem muita coragem...".

Coragem e loucura são vertentes que ensejam sentimentos fortes, capazes de mover montanhas e de fazer surgir cenários até então inimagináveis. O que faz a diferença entre ambas é o desfecho, o que se colheu do que foi plantado. Quando o dr. Nelson, no seu imaginário, lapidou a ideia, ainda na fase embrionária, de ter uma organização que falasse todos os sotaques brasileiros, atuando em cada região integrada, respeitando suas peculiaridades e prestando serviços que abrangessem todas as áreas do Direito, não foi uma manifestação de loucura, mas sim o que a sua intuição regiamente sinalizava.

E o que a municiava veemente era compreender, desde muito jovem, que não teria um futuro promissor se não mergulhasse de corpo e alma nos estudos.

E assim se fez, de domingo a domingo, inclusive trabalhando em áreas bem diferentes das tradicionais na advocacia em certos períodos da vida. Apesar de ter seu nome à frente da empresa, consagrada como referência inconteste no segmento jurídico, o dr. Nelson faz questão de conjugar uma visão macro do negócio, na qual prevalece o sentido de equipe, o cumprimento dos preceitos de *compliance* e, sobretudo, o compartilhamento dos resultados obtidos com seus colaboradores.

> *"Meu mérito foi montar um grande time de profissionais apaixonados pelo que fazem e que são felizes aqui, pois, desde o início, a maior preocupação era não apenas o foco no trabalho em si, mas também compartilhar os resultados obtidos."* **(Nelson Wilians)**

Para tanto, utiliza uma métrica que busca enfatizar as virtudes dos componentes do time, deixando de enaltecer seus defeitos. Postura que tende a motivar o entorno a delegar decisões, saber escutar, trazer inspiração e, sobretudo, ter a capacidade de identificar intenções, esforços e realizações.

Assim, tornou-se um líder na essência da palavra, que conduz a organização imbuído de valores humanos, nunca se esquecendo de que está lidando com gente.

Essa visão, essencialmente humanizada, transparece no estímulo para que as pessoas se conectem de forma efetiva. Nesse intento, vários quesitos são necessários, como a exigência de iniciativa, transparência e paciência, potencializando a energia latente que há em cada indivíduo e que faz com que todos se sintam à vontade, confiantes, compartilhando interesses, trocando informações e estabelecendo conexões agradáveis de forma produtiva.

São vários os elementos que contribuem para que a conectividade se concretize e, no aspecto verbal, são levados em conta a sincronia, o tom e o ritmo, associados às expressões faciais corretas inseridas numa linguagem corporal positiva.

Como já dizia Mark Twain (1980), "a diferença entre uma palavra quase certa e a certa é realmente importante – é a diferença entre o vaga-lume e o relâmpago".

Pensamento, emoção e ação compõem a premissa para se estabelecer uma conexão que cumpra a sua função plenamente, gerando credibilidade naquilo que se pretende passar.

Uma frase dita pela mãe do Nelson Wilians é cultuada como um dogma de respeito e sabedoria: "Não importa onde você nasce nem como vive. O que importa é como termina a vida".

Isso fez com que caminhasse com os "pés no chão", sem a soberba que acomete tantos advogados de sucesso, que olham o mundo como se estivessem acima do bem e do mal, esquecendo-se de que acabam até pisando em certas pessoas, pressupondo que são seres de uma casta inferior.

> *"O cenário é incerto, mas o enfrentaremos e passaremos. Devemos ser parte da solução e não do problema."*
> **(Nelson Wilians)**

Fazer perdurar um *modus operandi* que se tornou referência no meio jurídico nacional teve como reflexo uma releitura na relação escritório/cliente, na qual sobressaiu um exemplo de valor e qualidade técnica no conceito da prestação de serviços advocatícios.

Com esse princípio, ele transformou a empresa num modelo de negócio de sucesso, especialmente numa área com alta complexidade e volume de burocracia bem acima do necessário, exigindo atitudes renovadoras, como a aplicação de sistemas de automação em inúmeras atividades, inclusive, com a utilização de inteligência artificial na confecção de peças generalistas e pesquisas de jurisprudência, além de equipamentos de videoconferência de última geração e para assinatura eletrônica de documentos, entre outros recursos tecnológicos.

Esses sistemas agilizam os processos internos que antes eram conduzidos por membros da equipe, para que estes possam se dedicar às atividades nas quais a atuação humana é imprescindível.

Podemos considerar a forma como o dr. Nelson conduz a vida e o NWADV plenamente inserida no Arquétipo de *Branding* do Herói, no qual se estabelece que cada passo é imbuído da missão de mudar o mundo, imprimindo ações norteadas pela coragem e pela determinação, componentes basilares que denotam um perfil notadamente produtivo, disposto e capaz de superar quaisquer desafios colocados ao longo do seu caminho.

Desse modo, foi sendo alinhavado o exercício do *marketing* jurídico em plenitude com maestria e inovação, comprovando que o herói, de fato, não se deixa abater com respostas negativas ou processos que caminham fora do previsto.

Vencer no final é o propósito de todas as suas missões, por mais áridas que sejam, porque tem a plena ciência de um princípio fundamental: com o devido esforço e dedicação, tudo é possível.

Essa vertente transparece, de forma fidedigna, no seu *lifestyle*, pelo qual exprime uma autenticidade no comportamento em todas as suas manifestações, extrapolando uma postura coerente com o seu modo de pensar e ser, prevalecendo traços da humanização da linguagem, cujo único objetivo é ser fonte de inspiração para as pessoas e não um mero recurso de ostentação, como alguns erroneamente poderão supor.

> "Soberba é a mentira. É a visão equivocada de si mesmo, podendo ser essa visão de si além ou aquém da realidade. A humildade é a verdade. Como se vê, a lição é antiga. Mas não importa o quanto pensemos que estamos avançados como sociedade, a história sempre encontra uma maneira de se repetir." **(Nelson Wilians)**

Podemos observar na trajetória pessoal e profissional do fundador que ele não poupou suor para trazer sonhos à realidade, erguendo cada pilar com base em modelos da vida real, premissa estreitamente relacionada à humanização como fonte inspiradora para cada iniciativa. Outrossim, caso tivesse se proposto a repetir – na métrica do "piloto automático" – o que outros escritórios do seu universo estavam fazendo, possivelmente seria mais um escritório advocatício e nada mais.

No entanto, fez uso de ferramentas de *rebranding*, até mesmo de forma intuitiva, mudando a percepção que clientes, colaboradores e parceiros tinham da sua imagem, esforço que se traduzia pela constante e incansável prática da inovação, sensação que foi se consolidando ao longo do tempo e, hoje, consagrou-se como o seu maior e mais contundente diferencial.

E nisso fez valer todos os recursos disponíveis, como o de uma assessoria de imprensa ágil e persuasiva, visando estabelecer uma atuação institucional marcante nos meios de comunicação e assinar colunas em veículos de incontestável credibilidade, como a *Revista Forbes*, entre outros, que no seu somatório disseminam e perpetuam a sua marca de forma assertiva em todas as áreas de interesse.

A presença nas redes sociais seguiu esse roteiro, privilegiando cada uma com cuidados e especificidades inerentes ao seu teor, público e objetivos, desenvolvendo campanhas que estão inseridas numa estratégia macro de comunicação.

**Conhece-te a ti mesmo!**

**Inspiração ou ostentação: cabe a nós uma reflexão imparcial**

Segundo o filósofo Jean Paul Sartre: "Não importa o que fizeram com você. O que importa é o que você faz com aquilo que fizeram com você".

A trajetória de Nelson Wilians nos recorda a história do cientista Nikola Tesla, inventor nascido na Croácia, que deixou importantes contribuições para o desenvolvimento das tecnologias mais relevantes dos últimos séculos, como a da transmissão via rádio, a robótica, o controle remoto, o radar, a física teórica e nuclear e a ciência computacional.

> *"Acredito que seja possível ganhar dinheiro 'sem perder a alma'. É possível ter uma família equilibrada, amigos leais e fiéis e fazer o bem para a sociedade. A prosperidade não é ruim. Ruim pode ser a utilidade que damos a ela. A prosperidade pode criar uma sociedade mais justa."* **(Nelson Wilians)**

Tesla passou por diversas provações e dificuldades sem perder o entusiasmo. Em uma de suas passagens, conta: "Houve muitos dias em que não sabia de onde viria minha próxima refeição. Mas nunca tive medo de trabalhar, fui aonde uns homens cavavam uma vala...(e) disse que queria trabalhar. O chefe olhou para minhas roupas limpas e mãos brancas e riu para os outros..., mas disse: 'Tudo bem. Cuspa nas mãos e vá para a vala'. E lá trabalhei mais duro do que qualquer um. No final do dia, eu tinha $ 2".

Histórias como a de Tesla e Nelson Wilians nos mostram que toda crença, destino, vocação e talento são concepções que nos levam a camuflar o que de fato faz a diferença: o esforço. Segundo Nelson Wilians: "O trabalho não apenas dignifica o ser humano, mas dá sentido à sua existência. Torna-nos úteis para o outro e a nós mesmos". Quem acompanha as redes sociais de Nelson Wilians observa, na descrição no perfil, o seu objetivo de inspirar e influenciar pessoas por meio da sua trajetória. Com uma visão ampla de negócios, é estudioso das ferramentas de gestão e estimula os seus advogados e jovens estudantes sobre a importância de dialogar com outras ciências para o sucesso na profissão. Segundo ele: "A organização empresarial termina sendo algo secundário na formação dos alunos e nas ambições profissionais dos bacharéis e operadores do Direito. É uma falha que precisamos sanar".

> *"As habilidades sociais estão entre as qualidades que todo advogado deve ter. Não podemos ficar na letra fria da lei ou apenas na técnica. Precisamos dar vida e rosto às causas".* **(Nelson Wilians)**

Também utiliza suas redes para inspirar pessoas, comprovando que, independentemente da origem, qualquer pessoa com determinação e persistência pode alcançar seus sonhos. De uma antiga perua Fiat Panorama batida, passou hoje a ter na sua garagem automóveis como Rolls-Royce Phantom e modelos da Bentley, BMW, Mercedes-Benz e Audi. Para se locomover pelo país e filiais no exterior, utiliza um Legacy 650 da Embraer.

> *"Se você faz melhor que todos os seus colegas, não se envergonhe do elogio do chefe no meio de uma reunião, não peça desculpas ou se envergonhe pela promoção. Ter sucesso com o trabalho duro incomoda os incompetentes. Não perca tempo com isso."* **(Nelson Wilians)**

Ademais, Nelson Wilians apresenta publicamente seu repúdio à soberba. Segundo ele: "Soberba é a mentira. É a visão equivocada de si mesmo, podendo ser essa visão de si além ou aquém da realidade. A humildade é a verdade". Por meio da sua história e gestão vanguardista, promove o sucesso intelectual e material como propulsor dos novos profissionais. Ainda de acordo com o advogado: "Sucesso não é sobre o *status* que você tem. É sobre o quanto você pode influenciar e levantar pessoas".

Para os que se empenham em ser merecedores do sucesso por meio da virtude, trabalho e mérito próprio, finalizo com a reflexão de Ayn Rand (2017): "Nada pode tornar moral a destruição dos melhores. Não se pode ser punido por ser bom ou pagar por ter sido hábil". Cabe a nós, mediante uma reflexão imparcial, analisarmos a história de Wilians, Tesla, assim como a de tantos outros, que buscaram do crescimento individual no caminho do sucesso e nos inspirarmos – ou apontá-los como ostensivos e soberbos.

**INSTITUTO NELSON WILIANS**

> *"Ninguém vai se lembrar do homem bem-sucedido, mas, sim, daquele que deixar valor no mundo. Não é sobre o que temos, mas sobre o que construímos."*
> **(Nelson Wilians)**

A sigla ESG é composta pelas letras iniciais das palavras *Environmental, Social* e *Corporate Governance*. Em português, o termo significa boas práticas ambientais, sociais e de governança corporativa, as quais demandam ações e iniciativas práticas de compromisso social com essas vertentes.

A adoção do ESG representa uma mudança de paradigma nas relações entre os escritórios de advocacia e a comunidade, já que práticas tradicionalmente associadas ao compromisso social e de sustentabilidade passaram a ser consideradas parte da estratégia institucional da advocacia.

O ESG tem grande impacto na imagem da empresa, independentemente de seus resultados financeiros, compondo um cenário no qual o propósito e os valores institucionais são apreciados pelos clientes, representando um compromisso socioeducativo inerente ao exercício da profissão.

A dimensão ambiental considera o esforço da empresa em relação à minimização de seu impacto no meio ambiente, com a diminuição do consumo de carbono e o uso adequado dos recursos naturais, entre outros critérios.

O critério governança engloba as providências de administração ética do negócio, transparência na prestação de contas à sociedade e combate à corrupção.

*"Não fiquem de braços cruzados esperando acontecer. Movam-se para realizar. Observem e evitem tudo o que lhes faça mal e não agregue valor".* **(Nelson Wilians)**

A dimensão social abrange todas as questões da relação da empresa com os seus empregados, fornecedores, parceiros, clientes e as comunidades nas quais atua, além de aspectos como apoio à diversidade e à não discriminação de qualquer grupo social – seja no ambiente de trabalho ou nas esferas públicas de ação das marcas (como campanhas de *marketing*, por exemplo).

Segundo Sêneca: "A educação exige os maiores cuidados, porque influi sobre toda a vida".

O Instituto Nelson Wilians (INW), fundado em março de 2017, com sede na cidade de São Paulo, foi criado pela advogada e administradora Anne Wilians, esposa de Nelson Wilians. Trata-se de uma organização social, sem fins lucrativos, que atua em prol do empoderamento social como condição para superar desigualdades, a fim de que as pessoas possam exercer plenamente a sua cidadania, tendo seus direitos garantidos e sendo protagonistas na transformação da sociedade.

Para isso, trabalha em parceria com instituições sociais locais, por meio de programas focados em Educação e Direito.

O instituto tem a justiça social como seu norte e prioriza o atendimento a adolescentes, jovens e mulheres – historicamente os mais atingidos por desigualdades no Brasil –, atuando por meio do desenvolvimento e apoio a programas, projetos e iniciativas que colaborem para a garantia dos direitos fundamentais de juventudes que estão em Organizações da Sociedade Civil (OSCs) no Brasil, que carecem de conhecimentos e informações sobre suas garantias legais, tendo diariamente seus direitos negligenciados e/ou violados por falta de oportunidades justas, equitativas e igualitárias nos âmbitos da Educação e do Direito.

*"Como advogados, somos capazes de fazer a diferença na vida do cidadão."* **(Nelson Wilians)**

Veja alguns números resultantes do trabalho realizado pelo INW:

- mais de 23 mil beneficiários diretos;
- cerca de 70 Organizações de Sociedade Civil parceiras;
- mais de 4 mil voluntários e parceiros engajados;
- cerca de 10 Organizações de Sociedade Civil apoiadas via *pro bono*.

O INW é o braço de investimento social do NWADV.

Pilares do instituto:

1. *Pro bono* (programa de consultoria jurídica para organizações e iniciativas sociais)

Cumprindo com a sua função social, o Nelson Wilians Advogados atua em parceria com o Instituto Nelson Wilians, oferecendo serviços *pro bono* para Organizações da Sociedade Civil e iniciativas sociais.

As demandas que necessitam desse serviço são recebidas pelo INW e devem ser enviadas por organizações sociais, com trabalhos de relevância alinhados às causas e missão do instituto. As demandas serão analisadas pelo INW e pelo Núcleo Especializado em Terceiro Setor ou Núcleo Societário do NWADV.

> "Considera-se advocacia *pro bono* a prestação gratuita, eventual e voluntária de serviços jurídicos em favor de instituições sociais sem fins econômicos e aos seus assistidos" (Provimento CFOAB 166/2015, art. 1º).

Por meio da consultoria, espera-se oferecer condições e possibilidades para que as organizações sociais funcionem com segurança jurídica na profissionalização de sua gestão, cumprimento e respeito à ampla e particular legislação que rege o Terceiro Setor.

2. Apoio a projetos sociais (promovendo a educação de qualidade, inclusiva e equitativa a pessoas em estado de vulnerabilidade)

Por meio de programas e ações realizadas em parceria com organizações sociais de reconhecida seriedade, o INW promove educação de qualidade, inclusiva e equitativa a pessoas em estado de vulnerabilidade.

Nos anos de 2018 e 2019, o apoio a projetos sociais se deu por meio da articulação com instituições parceiras que realizam trabalhos de excelência e em sintonia com a missão, visão e valores do INW. Foram executados cinco programas nessa frente de atuação, contribuindo para o empoderamento social de adolescentes, jovens e adultos. A partir de 2020, o aporte financeiro é destinado ao investimento direto em projetos de educação executados por organizações sociais, por meio de edital.

Alguns projetos em andamento:

### 1. JUSTICEIRAS

O Instituto Nelson Wilians uniu-se aos Institutos Justiça de Saia e Bem Querer Mulher na força-tarefa Justiceiras. O projeto pretende colaborar para que a violência contra a mulher não aumente e não seja esquecida ou subnotificada durante o período de isolamento, em função da Covid-19.

Meninas e mulheres vítimas de violência fazem contato, via WhatsApp, e preenchem um formulário que é encaminhado à equipe voluntária multidisciplinar nas áreas de Direito, Psicologia, Medicina e Assistência Social de todo o Brasil. Elas prestam orientação técnica, apoio e acolhimento por atendimento virtual.

### 2. AMIGOS DO BEM (SERTÃO EMPREENDEDOR)

O programa promove a qualificação profissional de jovens de baixa renda e em grave situação de vulnerabilidade social nos municípios de Inajá e Buíque – sertão do estado de Pernambuco. A finalidade é a de aumentar as chances de empregabilidade e de empreendedorismo, mediante oficinas profissionalizantes de cabeleireiro, culinária e manicure para 400 atendidos entre 17 e 28 anos. Com a educação profissionalizante de jovens, amparada pelas demais atividades voltadas à construção da cidadania e autonomia do aluno, será possível impactar a vida de cerca de 400 famílias, oferecendo possibilidades concretas de geração de renda e melhora na qualidade de vida da família.

### 3. SE LIGA MOÇADA

O programa espera contribuir na mudança das percepções dos 8,7 mil jovens participantes do Programa Aprendiz Legal do Centro de Integração Empresa-Escola (CIEE) a respeito do tema "violência doméstica contra a mulher".

Dinâmicas de sensibilização aos jovens aprendizes são totalmente pertinentes, visto que é justamente na transição da adolescência para a juventude que o comportamento agressivo e desqualificador se instala no jovem. Nesse mesmo período, a mulher se torna passiva a pequenos atos agressivos ou machistas dos homens. Com a sensibilização, espera-se, também, que os jovens construam relações igualitárias nos seus grupos familiares, sociais e de trabalho.

### 4. REFÚGIO 343 (HUMANIZAÇÃO E REINSERÇÃO SOCIOECONÔMICA)

O programa visa oferecer adaptação cultural aos refugiados venezuelanos que são interiorizados na cidade de São Paulo, por meio da operação de acolhimento em Boa Vista, no estado de Roraima. A partir da "Cartilha para Venezuelanos", pretende-se oferecer orientações para até 400 refugiados.

> "Não sou o melhor advogado do mundo. Nunca tive essa pretensão, conheço bem minhas limitações. Mas me considero um bom advogado." **(Nelson Wilians)**

Também são oferecidas atividades complementares no campo educacional: cursos de língua portuguesa, palestras e *workshops* voltados à legislação trabalhista e direitos dos migrantes. As formações têm como propósito o desenvolvimento de habilidades técnicas e profissionais, como forma de capacitar o público-alvo, objetivando a sua inclusão e seu desenvolvimento social.

### 5. NW SOLIDÁRIO (TRANSFORMAR A SOCIEDADE POR MEIO DO ENGAJAMENTO PESSOAL)

Ações de voluntariado são oportunidades para que os associados, colaboradores e parceiros institucionais exerçam a cidadania, oferecendo seus conhecimentos, serviços ou recursos, sem qualquer custo.

Exercer o voluntariado é ser um ator social e agente de transformação, ou seja, um cidadão consciente e engajado às diversas realidades de vulnerabilidade. O INW e o NWADV sabem sobre a importância de colocar seus excelentes profissionais, altamente capacitados e comprometidos, em contato com as iniciativas sociais.

A proposta é transformar a sociedade por meio do engajamento pessoal, possibilitando o crescimento humano e profissional, além de promover e construir uma rede de pessoas solidárias, empáticas e responsáveis pelo meio em que vivem.

Acreditamos que todo ser humano é um potencial voluntário, ou seja, está intrínseco em cada pessoa o cuidado para com o outro. Contudo, é preciso desenvolver e aprimorar esse dom, para que ele não fique adormecido. Entendemos que a organização e o voluntário se beneficiam desse engajamento social.

Com essas iniciativas, espera-se dar condições para que as comunidades em situações de vulnerabilidade social desenvolvam-se e sejam autônomas. E desejamos levar informação e conhecimento, contribuindo com o crescimento humano e social de todas as pessoas.

## 6. INW CONECTA

O programa surgiu a partir da necessidade de conectar alunos, educadores e profissionais de diversas áreas, em tempo de distanciamento social, para dialogar sobre assuntos urgentes e contemporâneos, a fim de possibilitar conhecimento teórico-prático, empatia com causas sociais e acesso à informação.

É voltado para adolescentes, jovens, profissionais de organizações sociais parceiras e profissionais do NWADV.

Tem como objetivo despertar consciência crítica, visando ao desenvolvimento individual, coletivo e social dos participantes; engajar os colaboradores do NWADV em causas de responsabilidade social; viabilizar o diálogo e a troca de conhecimento entre profissionais convidados, especialistas no tema, voluntários, educadores e educandos; além de promover um debate consciente, crítico e construtivo, por intermédio da pedagogia dialógica.

## 7. COMPARTILHANDO DIREITO

Esse programa surgiu a partir da percepção de que os territórios economicamente vulneráveis e com maior densidade habitacional enfrentam maior dificuldade no acesso aos seus direitos fundamentais e, não raro, sequer têm conhecimento sobre eles.

A partir da parceria com o NWADV, colaboradores, altamente qualificados, passaram a visitar as organizações parceiras do INW para compartilhar, voluntariamente, informação e conhecimento sobre cinco temas principais:

- Direito Internacional;
- Direito de Família;
- Direito da Mulher;
- Direito do Trabalho;
- Diversidade Étnico-racial.

Com isso, organizações sociais e seus públicos atendidos tornaram-se aptos a reivindicar o cumprimento de leis e políticas públicas, ampliando o acesso aos seus direitos e, dessa forma, mitigar as desigualdades sociais.

## 8. CAMPANHA E AÇÕES DO DIA DA CONSCIÊNCIA NEGRA

Segundo pesquisa do IBGE[1], 71,7% dos jovens que abandonam a escola no Brasil são negros. A maioria alega ter parado de estudar porque precisava trabalhar.

Dos 10 milhões de jovens brasileiros entre 14 e 29 anos de idade que deixaram de frequentar a escola sem ter completado a educação básica, 71,7% são pretos ou pardos.

Ainda que o país mantenha, desde 2016, lenta tendência de crescimento na taxa de escolarização entre jovens, dados da

---

[1] Pesquisa divulgada no jornal *Folha de S.Paulo,* de 15 de julho 2021.

Pesquisa Nacional por Amostra de Domicílios (PNAD) contínua na área de Educação de 2019 mostram que o Brasil não avançou para reduzir a desigualdade educacional entre negros e brancos e homens e mulheres.

A pesquisa anual do IBGE, realizada em domicílios de todo o país, mostra que jovens negros passam, em média, quase dois anos a menos na escola (8,6 anos) do que os brancos.

A taxa de analfabetismo também é cerca de três vezes maior entre os negros. Quase 10 a cada 100 negros com mais de 15 anos não sabem ler nem escrever, enquanto percentual entre os brancos é de 3,6% de analfabetos. A proporção é a mesma na população com mais de 60 anos, o que mostra o pouco avanço na diminuição da desigualdade. Nessa faixa etária, 27,1% dos negros e 9,5% dos brancos são analfabetos.

> *"Uma vez, quando garoto, ouvi meu pai dizer que 'todo homem tem um preço'. Um absurdo, pensei! À época, achava que preço era para produtos ou serviços. Mas, quando ele disse preço, era no sentido de valor, importância, valia. Nesse sentido, pode ser algo virtuoso, ou não."* **(Nelson Wilians)**

Com essa iniciativa, quem se encontra em estado de vulnerabilidade poderá fazer uso de alternativas e dar novo rumo à sua vida.

Quem tivesse conhecido aquele rapaz estudante de Direito, numa das mais tradicionais faculdades do estado de São Paulo – a Faculdade de Direito de Bauru, fundada em 1951 e que teve como primeiro diretor o saudoso dr. Ulysses Guimarães –, não poderia supor o quanto estava ainda a ser construído e com que nível de capilaridade, indo além dos limites territoriais brasileiros e tendo estabelecido "braços" operacionais na Europa, na Ásia e na América Latina.

O maior escritório *full-service* em operação no Brasil disponibiliza aos seus clientes uma gama de serviços jurídicos de qualidade – desde o contencioso até a implementação de demandas estratégicas ou consultivas –, além de renegociação de contratos nas áreas financeira, securitária, administrativa e de locação. Desde sempre focando em soluções objetivas e personalizadas para cada cliente como um de seus pilares de seu sucesso.

É motivo de orgulho o estudo do *case* desse escritório ímpar, direcionado a inovação, ética e apoio estratégico interdisciplinar aos seus clientes. Todavia, acreditamos que o pilar fundamental que justifica o sucesso do NWADV é algo simples, mas dificílimo de se conseguir: a SIMPLICIDADE.

*"Não enfeite a vaca, faça-a dar leite."* **(Bruno Bom)**

Segundo Clarice Lispector: "Que ninguém se engane, só se consegue a simplicidade por meio de muito trabalho".

O universo jurídico se caracteriza por um uso arrevesado da linguagem. O bacharelismo notabilizou-se por uma retórica insuscetível de atingir o leigo.

Escrever e falar "difícil", complicar em vez de facilitar e abusar da prolixidade passaram a residir nas praxes forenses. Esse hábito entranhou-se de tal maneira na cultura do Direito, que têm sido frustrados os movimentos tendentes a simplificar o "juridiquês".

A ciência do Direito deveria ser imediatamente assimilada por seus destinatários – ou seja, por todas as pessoas capazes de discernimento. Direito é ferramenta para facilitar a vida humana em lugar de torná-la ainda mais aflitiva, o que não é raro ocorrer. O rebuscamento da linguagem sufoca e sepulta qualquer possibilidade de uma comunicação eficiente.

Dr. Nelson entendeu isso e construiu uma carreira sólida, amparada na filosofia de sucesso na advocacia e com base na simplicidade. Segundo Leonardo da Vinci: "A simplicidade é o maior grau de sofisticação".

Finalizando este capítulo e a honraria do estudo deste *case* inspirador, tentaremos, com toda a humildade mundana, sintetizar "a fórmula" de sucesso de Nelson Wilians em algumas das frases a ele atribuídas:

1. "Tenha paixão pelo que faz. É isso que o fará ser um profissional de destaque. Quando trabalhamos em função do que verdadeiramente gostamos, é muito mais confortável questionar e inovar" (propósito);
2. "É preciso liderar com mais consciência, com o significado coletivo mais amplo. A atuação do líder está diretamente relacionada ao seu grau de vigília para as pessoas" (liderança contemporânea);
3. "Vamos viver cada momento, de agora em diante, valorizando as relações pessoais de forma ainda mais intensa do que antes, pois nelas está o futuro" (*networking*);
4. "Resiliência é muito mais que superação. É não desistir nem desanimar, quando todas as circunstâncias levem a isso. Sem a capacidade de resiliência na vida profissional, não há vitória" (resiliência);
5. "Não hesite em questionar a sabedoria convencional. Para se manter criativo, é preciso explorar novas realidades constantemente e se expor a diferentes estímulos. A criatividade não é uma característica genética e muito menos sorte. É uma competência possível de se desenvolver e está ao alcance de todos" (criatividade e interdisciplinaridade);
6. "O invejoso não quer ter o que você tem. Isso pode dar muito trabalho. Na verdade, ele só quer que você também não tenha" (desapegue da necessidade de ser querido por todos);
7. "Coragem não é o contrário do medo. Só não tem medo quem não tem nada a perder ou perdeu a esperança de tudo. Medo e coragem são conceitos implicados e caminham juntos. Podemos falar de coragem quando agimos apesar do medo. Mas, entendam, medo não quer dizer fraqueza. Corajosos são os que trabalham para superá-lo" (coragem);
8. "É preciso ter humildade para reconhecer os erros ou caminhos equivocados. Quanto mais rápido perceber isso, menor será o prejuízo e mais rápida a mudança

de estratégia. Não confunda retroceder com desistir" (humildade intelectual e adaptabilidade);
9. "As habilidades sociais estão entre as qualidades que todo advogado deve ter. Não podemos ficar na letra fria da lei ou apenas na técnica. Precisamos dar vida e rosto às causas" (humanização);
10. "O cenário é incerto, mas enfrentaremos e passaremos. Devemos ser parte da solução, não do problema" (otimismo);
11. "O progresso é fruto de espíritos insatisfeitos" (inquietação);
12. "Dedicação extra e horas focadas no desenvolvimento de habilidades são o que separa os bons dos excelentes" (dedicação);
13. "Ninguém nem as circunstâncias devem desviá-lo(a) de seus objetivos. Simplesmente ignore e/ou desvie deles. Se fosse fácil, qualquer um faria, mas você não é qualquer um" (foco);
14. "Não seja indeciso. Na dúvida, não decida. Aguarde" (pense antes de agir);
15. "Ao longo de sua carreira, o advogado morre um pouco diante de cada injustiça e renasce com a recomposição da moralidade e do justo" (ética); e,
16. "O cliente não quer saber 'se o pato é macho'. Ele quer o ovo. Cabe a nós, advogados, as soluções jurídicas para resolver o problema ou mitigar o dano" (foco na solução direcionada a resultados).

> *"Quer ser bem-sucedido em qualquer empreendimento da sua vida? Coragem, resiliência e planejamento constituem a 'fórmula'."* **(Nelson Wilians)**

Por fim, fizemos uma entrevista exclusiva com o dr. Nelson Wilians, tarefa nada fácil! Quais perguntas deveriam ser respondidas para sintetizarmos a filosofia de sucesso na advocacia? Afinal,

Mário Quintana certa vez disse: "A resposta certa, não importa nada: o essencial é que as perguntas estejam certas".

Com base na construção da obra, nossa metodologia foi selecionar uma pergunta de cada capítulo e um pilar da filosofia de sucesso no advocacia, com o objetivo de traduzir uma coesão contextualizada acerca da temática explorada.

Entrevista com Nelson Wilians para este livro:

1. *O que é sucesso na sua opinião?*

   **NW:** O sucesso é o resultado da competência sob todos os aspectos. E, para chegar lá, não se deve tentar passar "pela portinha" que todos estão tentando passar, como bem frisou Peter Thiel, um dos fundadores do PayPal. Particularmente, acredito que três coisas são necessárias para o sucesso: coragem, resiliência e planejamento. Entretanto, nunca esqueço uma frase de minha mãe, quando comecei a fazer sucesso em minha carreira: "Não importa onde você nasce nem como vive. O que importa é como termina a vida". Essa frase é para lembrar que, até aqui, podemos ter obtido sucesso. Mas é preciso continuar com os pés no chão, sem soberba.

2. *Qual é o seu propósito?*

   **NW:** Ser sinônimo de advocacia, da mesma forma que Gillette é para lâmina de barbear e Bombril para lã de aço. Mas, sobretudo, continuar trabalhando para a consolidação do Estado Democrático de Direito, ver este país grande, justo e que ofereça segurança para quem quer investir e produzir e uma oportunidade sustentável a todos.

3. *O que o motivou fazer Direito?*

   **NW:** A paixão pelo Direito veio ainda na adolescência. Lendo histórias em quadrinho do *Demolidor – Homem Sem Medo*, da Marvel. Nelas, Matt Murdock é um rapaz comum, que fica cego após um acidente, mas que também passa a ser dotado de superpoderes. Quando adulto, ele se torna advogado. Acho que compartilhamos uma história de superação de prognósticos – cada um à sua forma. Sou filho de pais semianalfabetos: meu pai era um pequeno agricultor no norte do Paraná e minha mãe, do lar. Fui o primeiro da família a se formar em um curso superior. Iniciei minha carreira do zero absoluto.

4. **Se você não escolhesse Direito, qual outra profissão se inclinaria?**

   **NW:** Respeito todas as profissões, mas, a partir da minha experiência e de tudo que conquistei, não consigo pensar em outra. Mesmo olhando para trás, com muita sabedoria e humildade. Tenho orgulho das atividades dos meus pais, mas, definitivamente, a minha aposta foi ser advogado. E não trocaria por nada.

5. **Como você definiria o mercado jurídico no Brasil?**

   **NW:** Em um mundo globalizado como o de hoje, o papel do advogado ganha cada vez mais destaque e relevância em diversos aspectos da vida cotidiana, política e econômica. O Direito é um reflexo da sociedade, sendo assim, a profissão se modifica conforme o corpo social se transforma. O mercado valoriza o novo profissional jurídico, atribuído de novas funções em meio a tantas transformações impulsionadas pelo desenvolvimento de novos negócios, novas tecnologias e novos formatos de consumo de informação provenientes da digitalização acelerada na era pós-Covid-19. O advogado tem sido exigido, cada vez mais, a ser uma pessoa envolvida no negócio, muito além de uma expertise jurídica, um aliado estratégico de *business*. Por isso, suas novas e mais complexas funções têm exigido uma gama multidisciplinar de conhecimentos de outras áreas para a operação do próprio Direito. Vivemos em uma profissão conceituada como tradicional e conservadora, enraizada de paradigmas.

6. **Quais paradigmas, na sua visão, devem ser questionados para que o Direito esteja apto face aos novos tempos?**

   **NW:** As faculdades de Direito precisam se conscientizar de que, para manter-se relevante, o advogado precisa ser holístico e isso demanda disciplina e diálogo com outras ciências. É vital dialogar sobre a adequação na formação universitária para os operadores do Direito estarem habilitados frente à nova dinâmica de negócio.

7. **O que a faculdade de Direito não o ensinou?**

    **NW:** A ser um empreendedor. Isso é fundamental para qualquer ramo de atividade.

8. **Em sua opinião, quais são as competências indissociáveis de um advogado de sucesso?**

    **NW:** Mais uma vez, coragem, determinação, foco, ser curioso e, acima de tudo, ler muito, porque o conhecimento faz toda a diferença.

9. **Quais dicas você daria para um advogado que está iniciando a carreira? E para os advogados mais experientes?**

    **NW:** Muitos me perguntam qual é a fórmula para prosperar na advocacia. Mas já adianto: não existe uma única fórmula. A minha trajetória dificilmente poderia ser repetida. O mundo passa por uma grande revolução tecnológica, que transformou e continuará a transformar o nosso modo de atuar e de relacionar. Então, o que deu certo para mim pode não dar certo hoje para você. A mensagem que posso deixar aos futuros operadores do Direito é: especializem-se; estejam atentos à revolução digital e às oportunidades.

10. **Hoje o NWAD é a maior firma advocatícia da América Latina. Quais são as habilidades fundamentais de liderança?**

    **NW:** O NWADV se consolidou com uma atuação dinâmica em todas as áreas do Direito, assessorando as maiores corporações nacionais e multinacionais. Entre os diferenciais do NWADV estão pessoalidade, qualidade técnica e experiência nas mais variadas áreas do Direito, tanto em ações comuns quanto em ações estratégicas. Outro diferencial do escritório é a capilaridade. O escritório está em todos os estados brasileiros, oferecendo um serviço jurídico ágil, uniforme e, ao mesmo tempo, capaz de interpretar as peculiaridades de cada região em que atuamos. A tecnologia à disposição do grupo é outro ponto forte. Trabalhamos com diversos *softwares* de gestão processual, que conseguem englobar todas as atividades do escritório em um mesmo sistema. Assim, cumprimos todos os prazos e nos comunicamos por meio dessa plataforma. Todas essas propriedades são relevantes e reconhecidas pelos operadores do Direito, porém, mais do que acompanhar, procuramos antecipar as mudanças e tendências do mundo jurídico e solucionar problemas.

11. **O escritório NWADV é referência também em iniciativas de marketing e comunicação. Qual a sua posição sobre o assunto e a relevância para os operadores do Direito?**

    **NW:** O Direito é uma das atividades que mais demoram a evoluir numa sociedade. Isso é natural, pois a evolução da Justiça não pode ceder a modismos. Entretanto, dentro de uma visão pós-darwiniana, buscamos evoluir e nos adaptar. Isso está em nosso DNA, porque sabemos também que é preciso "aprender, desaprender e reaprender" para não sermos presas do conformismo. A pandemia intensificou o uso da tecnologia e o mercado passou a valorizar um novo profissional jurídico, atribuído de novas funções, impulsionadas pelo desenvolvimento de novos negócios. Desse modo, muito além de uma expertise jurídica, a advocacia precisa ser uma aliada estratégica de *business*, exigindo uma gama multidisciplinar de conhecimentos de outras áreas para a operação do próprio Direito.

12. **Você também faz um trabalho nas suas redes, mostrando seu estilo de vida, eventos, família etc. Qual a percepção de relevância do advogado mostrar em suas redes a sua vida pessoal?**

    **NW:** Esse é o mundo liberal em que vivemos: o sucesso agride os invejosos e inspira aqueles que querem almejá-lo, principalmente os jovens em início de carreira. Nasci numa família humilde de pequenos agricultores semianalfabetos.

Falo isso aos quatro cantos. Mas, à esta altura da vida, não pretendo fingir ser parte de uma realidade que não me representa mais. Isso não seria justo com a minha história, com aqueles que conheceram a minha ascensão e com a minha profissão. Essa também é uma forma de demonstrar a minha paixão e alegria pela advocacia e aquilo que ela me deu, resultado de muito suor, planejamento e profissionalismo.

13. **Sabemos que o sucesso é vitrine para críticas e até inveja. Como você lida com as críticas?**

    **NW:** Eu sempre digo: "O invejoso não quer ter o que você tem. Isso pode dar muito trabalho. Na verdade, ele só quer que você também não tenha". Você não precisa agradar a todos, não precisa ser querido por todos. Apenas faça o seu melhor.

14. **Qual a sua opinião sobre as regras que limitam a exposição de escritórios e advogados em meios de comunicação?**

    **NW:** O Direito demora a evoluir. Da mesma forma, o regimento da advocacia. Mas, aos poucos, devemos quebrar barreiras para estar em sintonia com a sociedade e as novas tecnologias.

15. **Você inspira milhares de pessoas. Quem lhe inspira dentro e fora da advocacia?**

    **NW:** Há quase 20 anos, passo boa parte do meu tempo indo de um lado para outro. Essas viagens não são, para mim, apenas um dever profissional. Representam, principalmente, um sopro de ar fresco, de onde retiro, muitas vezes, inspiração e coragem para continuar a empreender, pois tenho a oportunidade de conversar com pessoas das mais diferentes origens e especialidades empresariais. Conto isso para dizer que aprendi com a experiência a me conectar com outros pontos de vista, outras realidades. Essas viagens me quebram a arrogância. A cada visita, tenho a oportunidade de conhecer pessoas que se tornaram referência em suas áreas de atuação. Empresários bem-sucedidos, longe dos grandes centros urbanos. Sinto-me privilegiado com essa oportunidade. Essas viagens me fazem sair do "círculo de preconceitos do próprio país". São essas pessoas que me inspiram.

16. **Em sua opinião, quais os impactos da pandemia na advocacia?**

    **NW:** Uma das grandes riquezas do homem é a capacidade de se impulsionar acima de si mesmo para derrubar barreiras e limitações históricas. A pandemia trouxe para o presente as projeções que as empresas delinearam para o futuro, porém, sem embutir no cálculo o tamanho do desastre atual. Após o traumático período de sobrevivência, as corporações buscam o amadurecimento dentro do "novo normal". Sendo otimista, essa é uma boa oportunidade para projeções e para se desenhar uma nova história de sucesso.

17. **Citamos como inspiração várias frases da sua autoria, alguma em especial de sua preferência?**

    **NW:** Tem um conceito de mercado que uso muito: "não venda o que não tem para entregar e não prometa o que não pode cumprir". É um fundamento básico.

18. **Resgatando o título da obra, qual a filosofia de sucesso no Direito de Nelson Wilians?**

    **NW:** Manter o equilíbrio, sempre. Todos nós passamos por situações difíceis, há os que estão nelas e os que ainda vão passar por elas. Eu sou um exemplo disso. Aos que já estão com a vida encaminhada, lembrar que temos uma responsabilidade para com os outros. Um compromisso de dar à nossa sociedade um novo parâmetro, um novo horizonte, com os nossos exemplos. Eu procuro ser um canalizador de transformações de vidas e que os nossos exemplos também sejam. Para reflexão: "Palavras convencem, exemplos arrastam".

# REFERÊNCIAS BIBLIOGRÁFICAS

ADORNO, Sérgio. *Os aprendizes do poder*. O bacharelismo liberal na política brasileira. São Paulo: Edusp, 2019.

AGAZZONI, Emiliano. O que é uma comunidade? Disponível em: https://www.communitymanagerschool.com/blog/o-que-e-uma-comunidade. Acesso em: 6 jul. 2022.

ARMSTRONG, G.; KOTLER, P. *Princípios de Marketing*. 12. ed. São Paulo: Person Prentice Hall, 2007.

BARRETO, Plínio. *A Cultura Jurídica no Brasil – 1822-1922*. São Paulo: Estado de São Paulo, 1922.

BAUMAN, Zygmunt. *Modernidade líquida*. Rio de Janeiro-RJ: Zahar, 2001.

BEVILÁQUA, Clóvis. A Cultura jurídica no Brasil – Escolas e Doutrinas; jurisconsultos e professores. *Revista do Instituto Histórico e Geográfico Brasileiro*, Tomo Especial, Congresso Internacional de História da América, vol. IX, p. 317.

BOM, Bruno. Marketing *Jurídico na Prática*. São Paulo: Revista dos Tribunais, 2021.

BUFFET, Warren. Forbes. Disponível em: https://www.forbes.com/sites/jamesberman/2014/04/20/the-three-essential-warren-buffett-quotes-to-live-by.

CORTELLA, Mário Sérgio. *Educação, convivência e ética*. São Paulo: Cortez, 2018.

DISNEY INSTITUTE. *O jeito Disney de encantar os clientes*: do atendimento excepcional ao nunca parar de crescer e acreditar. São Paulo: Benvirá, 2012.

DONNE, John. *Meditações*. São Paulo: Landmark, 2012.

EISNER, Michael Damman. *O jeito Disney de encantar clientes.* 2011.

ELLIOT, Jeffrey M. *Conversations with Maya Angelou* (Literary Conversations Series). Mississipi: University Press of Mississippi, 1989.

FEBVRE, Lucien. L'Histoire, réponse à des questions que l'homme d'aujourd'hui se pose nécessairement. *Annales de Lucien Paul Victor Febvre*, p. 7, 1946, A. Colin.

GREENE, Robert. *As 48 leis do poder.* Rio de Janeiro: Rocco, 2007.

GREENLEES, Andrew. Governo, comunicação e poder. In: NASSAR, Paulo; SANTOS, Hamilton. *Comunicação Pública*: por uma prática mais republicana. São Paulo: ABERJE, 2019.

HELLER, Eva. *A psicologia das cores.* São Paulo: Editora Olhares, 2021.

HILL, Napoleon. *Quem pensa enriquece.* Curitiba: Fundamentos, 2009.

HOFFMAN, Reid; CASNOCHA, Ben. *The start-up of you.* Nova Iorque: Crown, 2012.

HOUAISS, Antônio. *Dicionário Houaiss da Língua Portuguesa.* Rio de Janeiro: Objetiva, 2001.

JOHNSON, Spencer. *Picos e vales.* 10. ed. Rio de Janeiro: Best Seller, 2009.

KANT, Immanuel. *Crítica da Razão Pura.* 4. ed. Rio de Janeiro: Editora Vozes, 2015.

KELSEN, Hans. *Teoria pura do Direito.* 8. ed. São Paulo: Martins Fontes, 2009.

KETTERING, Charles F. *Memorian.* Birmingham: The Institute, 1959.

KLEON, Austin. *Roube como um artista:* 10 dicas sobre criatividade. Rio de Janeiro: Rocco, 2013.

MARK, Margaret; PEARSON, Carol S. *O herói e o fora da lei.* São Paulo: Cultrix, 2003.

MCCARTHY, Carrie; LAPORTE, Danielle. *Questão de estilo* – viva de acordo com seu projeto devida. São Paulo: Larousse do Brasil, 2008.

MCLUHAN, Marshall. O meio é a Mensagem. *Os Meios de Comunicação como Extensões do Homem.* São Paulo: Cultrix, 1969.

MORIN, Edgar. *A religação dos saberes*. 4. ed. Rio de Janeiro: Bertrand Brasil, 2004.

MORIN, Edgar. *A via para o futuro da humanidade*. Rio de Janeiro: Bertrand Brasil, 2013.

NIETZSCHE, Friedrich. *Ecce Homo*. São Paulo: Companhia das Letras, 2008.

NORTHRUP, Belle. An Approach to the problem of Costume and Personality. *Art Education Today*, 1936, p. 94-104. Disponível em: https://pk.tc.columbia.edu/item/An-Approach-To-The-Problem-Of-Costume-And-Personality-69531. Acesso em: 6 jul. 2022.

RAND, Ayn. *A Revolta de Atlas*. São Paulo: Arqueiro, 2017.

SCHWAB, Klaus. *Aplicando a Quarta Revolução Industrial*. São Paulo: EDIPRO, 2018.

SINEK, Simon. *Comece pelo porquê*. São Paulo: Sextante, 2018.

TURGUENIEV, Ivan. *Pais e Filhos*. São Paulo: Companhia das Letras, 2021.

TWAIN, Mark. *The Art of Authorship*: Literary Reminiscences, Methods of Work, and Advice to Young Beginners, 1890.

VAMPRÉ, Spencer. *Memórias para a História da Academia de São Paulo*. São Paulo: Saraiva, 1924.

VENÂNCIO FILHO, Alberto. *Das arcadas ao bacharelismo*. 2. ed. São Paulo: Perspectiva, 2004.

WALLAS, Graham. *The Art of Thought*. New York: Harcourt, Brace & Company, 1926.

ZAPPA, Frank. *New York magazine*, June 20, 1994.

## ANEXO
# INSPIRE-SE EM TRAJETÓRIAS DE SUCESSO

*"Inspiro, pois me inspiro."* **(Bruno Bom)**

*"A história é uma resposta a perguntas que o homem de hoje necessariamente se põe."* **(Lucien Febvre)**

Para elaborar este livro nos inspiramos também na vida de muitas personalidades que construíram trajetórias de sucesso em diversos períodos da nossa história.

**Thomas Edison** constatou que "o sucesso é constituído por 10% de inspiração e 90% de transpiração", referindo-se ao suor e ao empenho essenciais para o desenvolvimento de cada trabalho.

Acreditamos que podemos creditar uma porcentagem maior à inspiração, pois ela nos nutre de ideias, possibilidades e referências que ajudarão a compor o nosso pensamento e ação e, desse modo, conseguimos empreender os nossos passos.

Observando as várias citações ao longo dos capítulos, selecionamos um time respeitável e, entre elas, escolhemos uma frase que, de alguma forma, relaciona-se à temática dessa obra – tarefa nada fácil diante de tantas preciosidades que compõem o acervo de cada um.

**Nicolau Maquiavel** nasceu em Florença, Itália, em 1469, numa família pobre. Aos 29 anos entrou para política, exercendo várias atividades – escritor, músico, historiador, diplomata, político e filósofo.

Ficou 22 anos preso, sofrendo, inclusive, torturas por conspirar contra o cardeal Giovanni de Médici.

Os estados italianos estavam divididos por visões antagônicas na segunda metade do século XV, polarizadas pela Igreja Católica e por ideias renascentistas.

Os textos escritos por Maquiavel naquela época tratavam do poder político desvinculado da Igreja, o que acabou lhe atribuindo uma imagem de ameaça ao poder religioso. Talvez, tenha vindo daí a origem do termo "maquiavélico", como algo astucioso, pérfido, que se contrapõe às leis morais.

Entre suas obras, destaca-se *O Príncipe* – escrita no período de exílio, em 1513, e somente publicada após a sua morte, em 1532 –, que traz reflexões envolvendo a ética e o ato de governar, reunindo impressões decorrentes do contato com vários reis e estadistas a partir do seu trabalho como diplomata. Nela, em 26 capítulos, Maquiavel discorre sobre como manter um poder absoluto, mesmo fazendo uso de forças militares, acreditando que "os fins justificam os meios".

*"Em tempos de paz, devemos pensar na guerra."*
**(Maquiavel)**

Mesmo quando todas as coisas estão indo da melhor forma, na vida pessoal ou profissional, não devemos nos esquecer das possíveis turbulências que poderão nos acometer e, para tanto, nunca "baixar a guarda" totalmente, porque, a qualquer momento, podemos ser surpreendidos por uma situação adversa. E, se ela nos surpreender desarmados e desatentos, poderá causar um transtorno ainda maior.

**Platão** nasceu em uma família aristocrática ateniense e foi quem colocou no papel muitos dos ensinamentos recebidos do professor Sócrates. Inclusive, sendo o seu porta-voz.

Em 399 a.C., ele teve a oportunidade de acompanhar o julgamento e a condenação de Sócrates, cuja acusação foi de não acreditar nos deuses e corromper os pensamentos dos jovens – sendo executado por isso.

Depois desse fato, Platão ficou viajando por 10 anos e, ao regressar à Atenas, fundou a primeira universidade da Europa, com cursos que iam de Astronomia a Filosofia – e que teve Aristóteles entre seus alunos –, perdurando por mais de 800 anos.

> *"A parte que ignoramos é muito maior que tudo o quanto sabemos."* **(Platão)**

Quantos advogados imaginam que dominam toda a matéria, a ponto de supor que não há mais nada a acrescentar aos seus conhecimentos. Essa impressão de saciedade permanente denota uma certa postura de superioridade quando, de fato, aprendemos algo novo a cada momento, mesmo que tenhamos dificuldade de admitir isso. Reconhecer que, mesmo já tendo acumulado um razoável entendimento sobre qualquer assunto, ainda há muito a desvendar é sinal de efetiva sabedoria.

Friedrich Wilhelm **Nietzsche** foi filósofo e filólogo alemão, tendo desenvolvido um pensamento provocativo que construiu teorias enaltecendo novos valores, visando a uma renovação do universo social.

Para se ter uma ideia do quanto suas ideias eram instigadoras, um dos conceitos que Nietzsche defendia era o da morte de Deus.

Ele se dedicou a estudar a moral judaico-cristã e teve problemas de saúde – que começaram nos tempos de infância e perduraram por toda a sua vida, incluindo uma cegueira quase total nos seus últimos anos.

> *"Não há fatos eternos, como não há verdades absolutas."* **(Nietzsche)**

Já contamos sobre a velha advocacia e os velhos paradigmas. Ter a capacidade de quebrar regras e desconstruir certas "verdades absolutas" é premente para estabelecer uma atividade profissional alinhada ao mundo contemporâneo, a exemplo de outras que não pararam no tempo e conseguiram se reinventar com maior vigor e versatilidade.

O prêmio Nobel de Física de 1921, **Albert Einstein**, foi autor de teorias que ajudaram a humanidade a entender o universo e lidar melhor com três temas cruciais: tempo, espaço e gravidade.

Físico, matemático, ativista político e professor, Einstein nasceu na Alemanha, em 1879, e renunciou à cidadania alemã, tornando-se suíço e, depois, norte-americano.

Considerado um dos cientistas mais influentes de todos os tempos, foi o mentor de conceitos que revolucionaram a Física do século XX e que acabaram até se refletindo no campo das Ciência Sociais.

> *"A maioria de nós prefere olhar para fora do que para dentro de si mesmo."* **(Albert Einstein)**

Por vezes, ficamos tão ocupados em criticar as outras pessoas ou atitudes que acabamos deixando de lado as nossas próprias dificuldades. Quando nos propomos a voltar os olhos para o nosso interior, buscando um maior autoconhecimento, conseguimos corrigir eventuais falhas de percurso para, então, poder ir em frente com maior assertividade.

Fiódor Mikhailovitch **Dostoiévski** é reconhecido como um dos maiores romancistas de todos os tempos, tendo produzido contos, novelas e romances que fazem parte do existencialismo –, vertente literária que trata da subjetividade do ser humano –, com ênfase na liberdade individual. Esse escritor russo do século XIX nasceu na cidade de Moscou, em 1821, e suas obras o notabilizaram por vasculhar o psicológico das pessoas, especialmente nos campos social, religioso, político e espiritual.

> *"O segredo da existência humana não está apenas em viver, mas também saber para que se vive."* **(Dostoiévski)**

Um dos pilares da filosofia de sucesso na advocacia é definir o propósito na carreira e, o passo seguinte, empenhar-se para atingir a meta. O "saber para o que se vive" é salvo-conduto para se fortalecer e poder cumprir cada etapa com maior êxito, superando obstáculos e tirando deles a experiência para seguir com mais segurança e tranquilidade.

O cofundador da London School of Economics, **George Bernard Shaw**, foi romancista, jornalista e contista irlandês.

Como socialista, acabou se tornando um orador eloquente para causas que defendiam direitos iguais para homens e mulheres e a não exploração da classe trabalhadora, além de uma vida saudável para todos.

Foi agraciado com o Nobel de Literatura e um Oscar pelo seu trabalho no filme *Pygmalion*.

Um fato curioso: ele rejeitou o prêmio em dinheiro correspondente ao Nobel, sugerindo que este fosse destinado a financiar traduções de livros suecos para o inglês.

> *"Nenhuma pergunta é tão difícil de responder quanto aquela cuja resposta é óbvia."*
> ***(George Bernard Shaw)***

Muitas das nossas atitudes são tomadas no "piloto automático", fazemos sem pensar, de forma instintiva. Esse procedimento pode ocasionar um certo ruído, porque deixamos de prestar atenção a certos detalhes. Uma pergunta com resposta óbvia pode conter algum componente que mereça atenção especial, mas ele acaba sendo ignorado.

Lúcio Aneu **Sêneca**, filósofo, poeta e humanista, dedicou seus escritos com abordagem filosófica original voltados à natureza humana e acabou se tornando um dos maiores expoentes da lógica formal e ética naturalista – conhecidas por estoicismo.

Fazia parte dos seus mais ardentes princípios a igualdade dos homens, o que, naturalmente, o levava a ter uma posição que rebatia a escravidão e qualquer tipo de distinção social.

> *"Deus dotou o homem de uma boca e dois ouvidos para que ouça o dobro do que fala."* ***(Sêneca)***

A advocacia faz uso da palavra em larga escala e os maiores expoentes da nossa categoria sabem se expressar verbalmente com maestria. Mas, por vezes, acabamos dando peso menor à escuta, que é preciosa e merece todo o crédito. Mais do que isso, saber escutar é uma arte e quem der a ela o devido valor terá ganhos em larga escala.

*O retrato de Dorian Gray*, publicado em 1890, talvez seja a obra mais famosa do escritor e poeta Oscar Fingal O'Flahertie Will Wilde ou, como é mais conhecido, **Oscar Wilde**, que faz um retrato contundente da decadência da moral humana.

Nascido 1854, na cidade de Dublin, Irlanda, em 1879, mudou-se para Londres e lá criou um movimento estético, o Dandismo, que tinha por métrica que a vida deveria ser guiada pelos critérios artísticos e, assim, teria meios para enfrentar os desafios do mundo contemporâneo.

Acusado de manter um relacionamento amoroso com o filho de um marquês, foi condenado a 2 anos de prisão e libertado em 1898, quando fixou residência em Paris, utilizando um pseudônimo. Ele vivia embriagado.

> *"Viver é a coisa mais rara do mundo. A maioria das pessoas apenas existe."* **(Oscar Wilde)**

Entre existir e viver há um grande espaço. A diferença entre ambos é que: existir enseja uma postura cômoda, passiva, enquanto viver significa lutar para conquistar espaços e estar num permanente processo de aprimoramento interno. Advogados que apenas existem terão uma carreira efêmera, já aqueles que "vivem", farão a efetiva diferença.

Peter Ferdinand Drucker, ou **Peter Drucker**, foi o idealizador do conceito de descentralização nos negócios, na década de 1940, que hoje é adotado por organizações nos quatro cantos do planeta. Ele nasceu na Califórnia, Estados Unidos, em 1909.

Nos anos 1960, trouxe à tona a ideia de que a substância do negócio prevalece sobre o estilo. Alguns anos depois, defendeu a tese de que um colaborador dotado de conhecimento tem mais valor do que a matéria-prima. Realmente, foi um homem léguas à frente do seu tempo, sendo reverenciado por grandes referências mundiais nas áreas de administração, *marketing* e negócios.

> *"A única fonte de lucro é o cliente."* **(Peter Drucker)**

Já se falou que o cliente é o rei, ao qual devemos dedicar a melhor atenção e cuidados. Isso parece um tanto óbvio, mas muitos profissionais ficam querendo buscar novas metodologias e processos com tanta ênfase que acabam se "esquecendo" da importância basal do cliente, sem o qual não há lucro, não há empresa, não há negócio.

Quando se pensa em autoajuda, um nome logo vem à cabeça: **Napoleon Hill.**

Seus livros batem exaustivamente na tecla do "acredite em si mesmo" e a obra *Quem pensa, enriquece* é *best-seller* há vários anos em muitos países.

Entre os anos de 1933 e 1936, ele chegou a ser o conselheiro do ex-presidente dos Estados Unidos, Franklin D. Roosevelt.

Certa vez, ao entrevistar um grande industrial, Andrew Carnegie, recebeu deste a incumbência de descobrir a "fórmula" que tornava algumas pessoas bem-sucedidas. Depois de 20 anos de trabalho – e mais de 16 mil entrevistas –, decidiu fundar a sua própria revista e ser reconhecido como o pioneiro nos estudos do comportamento humano, especialmente na busca pelo sucesso.

> *"Você é o mestre do seu destino e pode influenciar, dirigir e controlar seu próprio ambiente. Você pode fazer da sua vida o que você quer que ela seja."*
> **(Napoleon Hill)**

É comum ouvirmos alguém atribuir a terceiros seus erros, fracassos, descaminhos, esquecendo-se de que o único crédito deveria ser dado a si próprio. Responsabilizar outras pessoas pelo que nos acontece é uma atitude covarde, escondendo quem deveria ter, de fato, todo crédito e mérito.

Um famoso escritor inglês, Simon Oliver Sinek, ou **Simon Sinek**, também renomado palestrante, foi o criador do círculo dourado, que já citamos anteriormente, consistindo numa metodologia simples e poderosa, baseada em três círculos: o porquê, o como e o quê, desenvolvidos a partir da observação do sucesso de algumas empresas emblemáticas.

Sinek se tornou um dos mais influentes apresentadores do Ted Talks, utilizando como referência uma série de histórias cotidianas que trouxeram inspiração para motivar pessoas e equipes com grande eficiência em todo o mundo.

> *"Se você tiver a oportunidade de fazer coisas incríveis em sua vida, eu recomendo fortemente que você convide alguém para acompanhá-lo."*
> **(Simon Sinek)**

Um advogado terá mais sucesso profissional se estiver junto de outros colegas, pois, assim, poderão somar expertises, talentos e sonhos, construindo algo bem mais consistente do que se estivesse numa caminhada solo.

A corrente filosófica conhecida por existencialismo tem à frente **Jean-Paul Sartre**, filósofo francês que se notabilizou pela postura crítica e por abraçar causas e pensamentos da esquerda.

Também enfatizava que todo ser humano se constrói individualmente, um pouco a cada dia, nunca estando num estágio finalizado, visto que esse processo de crescimento só chega ao término com a morte.

O seu relacionamento com Simone de Beauvoir, importante pensadora, transformou-se numa união estável bem controversa para o século XX.

> *"Um amor, uma carreira, uma revolução: outras tantas coisas que se começam sem saber como acabarão."* **(Jean-Paul Sartre)**

Um dos pilares que sustentam uma carreira é a construção da imagem, que pode ocorrer em minutos. Bem diferente da reputação, que leva tempo maior, até uma vida toda, com o risco de acabar em instantes. Foram com os estudos abordando o universo da Mitologia que o professor e antropólogo norte-americano **Joseph John Campbell** se tornou mais conhecido.

*O herói das mil faces* se destaca do conjunto de obras produzidas por ele. O seu interesse pelo budismo e filosofias orientais foi despertado após ter conhecido o escritor e filósofo Krishnamurti.

> *"Devemos estar dispostos a nos livrar da vida que planejamos para poder viver a vida que nos espera."*
> ***(Joseph John Campbell)***

Quando algo se dá de forma diversa da planejada originalmente, exercitar a resiliência será um caminho a ser explorado, especialmente para evitar conflitos internos.

Uma das referências internacionais em práticas de gestão é **Thomas J. Peters**, escritor norte-americano, nascido em 1947.

Segundo ele, "num futuro próximo, as organizações, como nós as conhecemos, não mais existirão, pois os mercados estão se fragmentando e as ofertas de produtos se multiplicarão. Todos os bens e serviços estão se tornando bens da moda".

Para Peters, a tecnologia está interferindo radicalmente na forma como nos organizamos, vivemos e fazemos política, virando o mundo de ponta-cabeça, tornando-se uma verdadeira máquina revolucionária.

> *"Aprenda com o melhor, então, adapte."*
> ***(Thomas J. Peters)***

As faculdades de Direito devem reaprender a forma como seus alunos absorvem o conhecimento, conscientizando-se das novas diretrizes que regem a semântica social e corporativa, evitando, assim, que graduem "analfabetos".

O professor da universidade alemã de Königsberg, a mesma cidade em que nasceu, **Immanuel Kant**, exercia seu ofício aplicando um notável rigor filosófico e metódico.

Foi o fundador de uma corrente na Filosofia que tinha por base determinar quais eram os limites da natureza e razão humanas, tendo produzido inúmeras obras de forte conteúdo focadas nesses princípios.

Filho de pais luteranos, a sua educação severa acabou estimulando, por toda a sua vida, uma profunda erudição, resultando num estilo peculiar de escrever.

Kant idealizou uma teoria do conhecimento que ficou mais conhecida como idealismo transcendental, compondo um legado que até hoje impacta e inspira profundas reflexões.

> *"Não somos ricos pelo que temos, mas, sim, pelo que não precisamos ter."* **(Kant)**

A riqueza também atinge as nossas bases estruturais e, então, conseguimos estabelecer um posicionamento multifacetado e que esteja em sintonia com as realidades do mundo contemporâneo nas suas diversas manifestações.

**Epicteto**, infelizmente, não deixou escritos e os ensinamentos que temos dele foram obtidos por um discípulo, Flávio Arriano, por intermédio dos seus discursos, aforismos e ensinamentos éticos.

O filósofo grego, membro da Escola Estoica, nasceu na Frígia (atualmente Turquia), em 55 d.C., e foi escravo em Roma.

Ao lado de Sêneca e Marco Aurélio, compôs a tríade mais conhecida do período da segunda fase do Estoicismo, faz parte do legado de Epicteto o conceito de que somente uma coisa pertence indiscutivelmente ao indivíduo – a sua vontade –, impossível de ser constrangida ou limitada pelo poder humano, seja ele qual for, pelo fato de ser uma concessão de Deus.

> *"É impossível para um homem aprender aquilo que ele acha que já sabe."* **(Epicteto)**

Na busca pela nossa essência, pela nossa verdadeira identidade, o aprender e o reaprender serão conjugados sem trégua e, assim, daremos voz à própria evolução, esforços especialmente necessários quando estamos num tempo em que prevalecem mudanças tão agressivas como as que vivenciamos atualmente.

Fica difícil pensar na história do automóvel sem nos lembrarmos de **Henry Ford**.

Um dos mais relevantes industriais de toda a história, mentor da popularização do automóvel e, especialmente, da linha de montagem em massa.

Iniciou a sua carreira profissional como mecânico e graduou-se engenheiro pela Edison Illuminating Company.

Desde pequeno, sinalizava interesse em saber como as coisas funcionavam, desmontando qualquer aparelho que tivesse às mãos.

Veio de Thomas Edison a inspiração para que se dedicasse aos estudos dos motores de automóvel e, tempos depois, passou a construir veículos e criou uma marca lendária, a Ford.

*"Não é o empregador quem paga os salários, mas o cliente". **(Henry Ford)***

O cliente é quem sustenta o escritório, inclusive toda a equipe de colaboradores. Ele não espera que o advogado lhe ofereça apenas um aporte técnico e jurídico, mas que ocupe a posição de parceiro estratégico, com a missão de traduzir as leis, aplicando uma visão interdisciplinar.

O mais jovem e primeiro católico eleito presidente dos Estados Unidos, pelo partido Democrata, foi **John Fitzgerald Kennedy**, em 1960.

O seu memorável discurso de posse até hoje é lembrado, especialmente pela notória frase "Não pergunte o que o seu país pode fazer por você. Pergunte o que você pode fazer pelo seu país".

Fatos marcaram o seu período de governo, como a invasão fracassada de Cuba, a construção do Muro de Berlim, o movimento pela igualdade dos negros e o lançamento do programa para enviar astronautas à Lua. A carreira política de Kennedy, no auge de sua popularidade, foi tragicamente interrompida com o seu assassinato, na cidade de Dallas, no Texas, em 1963.

> *"O sucesso tem muitos pais, mas o fracasso é órfão."*
> ***(John Kennedy)***

A forma como o nosso *branding* será identificado pelo entorno está intimamente relacionada ao sucesso ou ao fracasso obtido, complementada pela maneira como reagimos diante das situações ocorridas de maneira diversa àquela originalmente planejada.

Com textos carregados de pessimismo extremo e fraqueza moral, **François de La RocheFoucauld** foi um importante pensador e escritor francês, nascido em 1613, na cidade de Paris.

Filho do Príncipe de Marilac e integrante de uma família aristocrática, chegou a participar da Guerra dos Trinta Anos.

Foi um dos introdutores das máximas – gênero literário caracterizado por expressar de forma sucinta algum pensamento social.

> *"A confiança que temos em nós mesmos reflete-se em grande parte na confiança que temos nos outros."*
> ***(François de La RocheFoucauld)***

Já disse que "o cliente não quer apenas saber se você tem a melhor técnica jurídica, mas se pode confiar em você". A confiança é uma via de mão dupla, em que os dois lados se propõem a exercitá-la de forma mútua, estabelecendo um vínculo perene e produtivo.

O otimista e polêmico crítico literário canadense Herbert **Marshall McLuhan** foi um dos fundadores da moderna Teoria da Comunicação de Massa, tendo sido presença marcante em revistas populares, como a *Playboy* e *Times* e, ainda, em publicações acadêmicas.

Ao longo de sua vida, fez inúmeros trabalhos focados nas mudanças geradas pelas tecnologias de comunicação – com ênfase nos valores e produtos culturais – e acentuadas com o passar do tempo.

Visionário, muitos dos seus estudos se mantiveram atuais décadas após a sua concepção, como a história dos textos materiais (estabelecendo uma conexão entre a materialidade dos objetos com as mensagens neles contidas).

> *"Não há passageiros na nave espacial Terra, somos todos tripulação."* **(Marshall McLuhan)**

Dentro e fora da seara jurídica, cada pessoa exerce uma função determinante, a de tripulante efetivo. Por menor que seja a atuação, sempre terá peso relevante o seu papel na *performance* final. Reconhecer a importância de cada um é essencial para termos uma visão fiel do conjunto, sem distorções.

Outro visionário notório, **Steve Jobs**, em 1970, convenceu o mundo de que os computadores pessoais poderiam auxiliar os usuários nas tarefas cotidianas, como verdadeiras extensões de si.

Nascido em 1955, foi o fundador da Apple, cujos produtos são objetos de desejo de consumidores espalhados pelos quatro cantos do planeta.

Talvez o seu maior "pulo do gato" tenha sido não buscar meramente atender à vontade das pessoas, mas criar necessidades até então desconhecidas para, em seguida, fazer uso de um *marketing* para incutir o desejo de compra.

Hoje, a Apple se notabilizou pelo *design* arrojado, fazendo com que o legado de Jobs seja referência quando se fala em tecnologia inovadora.

> *"Eu quero colocar uma marca no universo."* **(Steve Jobs)**

Marca é o signo que resgata uma atividade ou propósito comercial. No Brasil, fazemos uso da cultura sinestésica, aquela que nos impulsiona a sentir, tocar, o que está sendo ofertado para, então, desencadear em nós a vontade de consumir. No mundo jurídico, a marca se posiciona como ativo determinante para sintetizar a excelência do mix de serviços disponibilizados.

Um dos responsáveis pela reintrodução da filosofia aristotélica no universo europeu foi o **Santo Tomás de Aquino**, nascido em 1225 num feudo de Roccasecca, na Sicília, Itália.

Autor de mais de 60 livros, dedicou toda sua vida ao estudo e ao ensino de Filosofia e Teologia, tendo ingressado como seminarista na Ordem dos Dominicanos, em 1244, chegando a lecionar em diversos monastérios italianos e franceses.

*"A humildade é o primeiro degrau para a sabedoria."* ***(Santo Tomás de Aquino)***

É sinal de grandeza interior dispor de humildade intelectual para reconhecer que, quanto maior o conhecimento adquirido, maior deverá ser a disposição para novos aprendizados e novas descobertas.

**Ayn Rand** nasceu na Rússia, em 1905, e foi a criadora de "uma filosofia para vida na Terra", a qual batizou de Objetivismo, definida por ela como: "a minha filosofia, em essência, é o conceito do homem como ser heroico, com a sua própria felicidade como propósito moral de sua vida, com a relação produtiva como sua atividade mais nobre e a razão como seu único referencial absoluto".

Aos 20 anos, comunicou ao governo que visitaria parentes nos Estados Unidos. Lá, ficou de vez e se estabeleceu em Hollywood, trabalhando como roteirista. Escreveu vários romances, entre os quais destacamos *A nascente*, que retrata a trajetória de um arquiteto intransigente, e *A revolta de Atlas*, uma reflexão sobre o que acontece no mundo quando desaparecem misteriosamente os pensadores e produtores.

*"A coisa mais difícil de explicar é a evidência que todos decidiram não ver."* ***(Ayn Rand)***

Podemos observar com muita clareza na classe advocatícia que muitos dos que militam nessa área se evidenciam por uma visão notadamente tecnicista, que os impende de "enxergar" a situação ou o problema sob todos os ângulos e interpretações.

Quando lembramos do período renascentista italiano, logo vem à mente a imagem de **Leonardo da Vinci**.

Nascido numa pequena aldeia toscana, perto de Vinci e Florença, em 1452; em 1480, finalizou sua primeira obra em tela: *A virgem do cravo*.

Mas aquela que o consagrou, a *Mona Lisa*, somente foi concluída 23 anos depois, em 1503. Nela, ele aplicou a técnica de *sfumato*, por meio da qual são produzidos suaves degradês, utilizando diversas tonalidades, com o objetivo de reproduzir, com extrema fidelidade, a pele humana.

*"Quem pensa pouco erra muito."*
**(Leonardo da Vinci)**

Errar é uma faculdade à qual todos têm acesso, sem quaisquer privilégios ou distinções. O ato de não acertar faz parte do jogo das experimentações, da vida, mas não são todos que admitem seus próprios erros, o que denota uma carência de humildade intelectual, ingrediente essencial para quem almeja crescer e conquistar novos espaços, sejam eles quais e aonde forem.

Os inventos desenvolvidos pelo cientista e engenheiro mecânico austro-húngaro **Nikola Tesla** tiveram incontestável influência em várias áreas envolvendo ciência e tecnologia – da computação à física nuclear.

Nasceu em Smiljan, em 1856, e foi inspirado desde cedo pelo pai.

Na Universidade de Praga, aflorou a sua paixão pela engenharia elétrica e acabou indo trabalhar com Thomas Edison em Nova York, quando ambos adotaram posições diferentes a respeito das correntes contínuas e alternadas.

O impasse fez com que Tesla se recusasse a dividir o Prêmio Nobel em 1912 com o rival – e outro cientista acabou sendo agraciado com o mérito.

Entre as inúmeras invenções creditadas a Tesla, podem ser destacadas a lâmpada fluorescente, o controle remoto e a transmissão por rádio.

> *"Deixe o futuro falar a verdade e classificar cada um de acordo com seu trabalho e conquista. O tempo presente é de cada um. Já o futuro – para o qual eu tenho realmente trabalhado – é meu".*
> **(Nikola Tesla)**

Futuros advogados deverão aplicar na sua prática profissional o diálogo permanente com outras ciências e, dessa maneira, terão passe-livre para transitar com maior fluidez pelo mundo contemporâneo, o qual não se coaduna com quem atua como se estivesse numa redoma, refratário a tudo que vibra ao seu redor.

Utilizando, posteriormente, o pseudônimo de **George Orwell**, o escritor Eric Arthur Blair nasceu na Índia, em 1903, tendo ido morar na Inglaterra com menos de 1 ano de idade.

Tempos depois, alistou-se na Polícia Imperial Indiana, na Birmânia, e chegou até a lutar ao lado dos republicanos na Guerra Civil Espanhola.

Em 1945, publicou um livro que obteve grande sucesso: *A revolução dos bichos*. Quatro anos depois, Orwell escreveu sua obra mais famosa, *1984*, que tem como essência a repulsa aos regimes totalitários.

> *"Os melhores livros são os que dizem o que já sabemos."* **(George Orwell)**

Quantas vezes compramos um livro pela capa, supondo que leremos algo transformador e acabamos nos frustramos ao conhecer o seu conteúdo? Um advogado que se propõe a ser AAA tem de transmitir uma imagem que corresponda ao que é de fato, caso contrário, acabará causando decepção nos *leads* e clientes. Portanto, seja o que você é e, nesse contexto, esforce-se para melhorar um pouco a cada novo dia.

> *"Não adianta parecer bom, é necessário ser bom."*
> **(Autor desconhecido)**

O Barão de **Montesquieu**, ou, originalmente, Charles-Louis de Secondat, é considerado um dos mais importantes filósofos iluministas da França (o Iluminismo foi um movimento intelectual europeu que se disseminou no século XVII).

Foi defensor notório da liberdade e, em seus estudos, estabeleceu pontos de conexão entre as leis e a realidade social.

Montesquieu entendia as leis naturais como manifestações divinas, sendo, portanto, perfeitas e não passíveis de discordâncias.

*"Quanto menos os homens pensam, mais eles falam."*
**(Montesquieu)**

Um tema para se pensar são os paradigmas da advocacia, norteados por uma infinidade de comportamentos e tradições ultrapassadas. O advogado de sucesso deve se propor a romper essas métricas retrógradas e obsoletas, buscando imprimir uma postura voltada ao futuro. Que o passado sirva apenas para trazer referências do que se fez e nada mais.

Considerado o maior jurista do século XX, **Hans Kelsen** nasceu em 1981, em Praga, na Boêmia austríaca, que fazia parte do então Império Austro-Húngaro.

Sua vasta obra literária, reunindo mais de 400 publicações, teve sensível papel para que o Direito se firmasse como ciência autônoma.

Podendo ser considerada uma das suas maiores contribuições na área jurídica, o controle concentrado da constitucionalidade, que o Brasil incorporou em 1965.

Um dos pilares instituídos por Kelsen foi o de que a justiça não tem a obrigatoriedade de estar disposta sempre na norma, conforme é possível aferir na Teoria Pura do Direito, de sua autoria.

*"Queria ser pobre só um dia na vida, porque ser todos os dias é horrível."* **(Hans Kelsen)**

Engana-se quem supõe que pobre é apenas aquele que tem os bolsos vazios e a conta bancária zerada. Ou um advogado que não tem rendimentos ou outra forma de garantir seu sustento. Pobreza pode ser também a de sonhos, de ideais, de espírito, de propósitos ou de princípios, situações que geram uma trajetória de vida pífia, desmotivada, sem horizontes atrativos a abraçar.

Eleito primeiro-ministro do Reino Unido, Winston Leonard Spencer **Churchill**, teve uma consagrada atuação na resistência e no combate às tropas nazistas na Segunda Guerra Mundial.

Orador de grande eloquência, Churchill, que nasceu em 1874, na cidade inglesa de Woodstock, cumpriu uma carreira militar, chegando a assumir o posto de tenente-coronel na Academia Militar de Sandhurst.

Participou de conflitos em várias regiões nos continentes asiático, africano e americano.

Em 1953, foi agraciado com o Nobel de Literatura, por obras e artigos publicados. Anos depois, renunciou ao cargo de primeiro-ministro.

*"Todas as grandes coisas são simples. E muitas podem ser expressas numa só palavra: liberdade, justiça, honra, dever, piedade, esperança."*
***(Winston Churchill)***

Uma das importantes manifestações de liberdade, a de expressão, norteia e alicerça as democracias modernas. É uma forma de dar resguardo para que pensamentos, ideias e opiniões possam dar vazão, desprovidos de interferências, bloqueios e censuras por parte dos membros da sociedade e, sobretudo, pelas estruturas governamentais.

Fundador de um império no ramo de entretenimento ao lado do irmão Roy, **Walt Disney** nasceu na cidade norte-americana de Chicago, em 1901.

Os parques temáticos e estúdio de animação, o maior de Hollywood, que ambos fundaram, são exemplos de empreendimentos que disseminaram padrões gerenciais de sucesso, replicados nos quatro cantos do mundo. Em 1932, recebeu o primeiro Oscar pelo filme *Flores e árvores* e, em 1939, lançou o primeiro longa-metragem animado, *Branca de Neve e os sete anões*, grande sucesso de bilheteria, que lhe rendeu o segundo Oscar.

O nome Disney ficará eternamente presente no imaginário de todas as gerações como referência de talento, inovação e criatividade.

*"Os sonhos existem para tornarem-se realidade."*
***(Walt Disney)***